「ありがとう」といって死のう

高木慶子

GENTOSHA

「ありがとう」といって死んでいくために

私はカトリックの信仰を持ち、22歳で修道生活に入りました。あれから六十年近くが経ちますが、いまも修道女として忙しい毎日を送らせていただいています。

現在私が携《たずさ》わっている活動のひとつに「ターミナルケア（終末期緩和医療）」があります。ターミナルケアとは、余命いくばくもない人生の終末期にある患者さんたちの全人的ケア、つまりその人の体、心、魂のケアに協力すること。

私の場合は医療関係者ではありませんので、心と魂のケア、つまり心と魂の話相手をすることです。

死は誰のもとにも平等に訪れます。しかも、私たちの中には死を体験した方はどなたもいらっしゃいません。

私たちは、死を前に何を想うのでしょうか。

底知れぬ恐怖でしょうか。先がわからない不安でしょうか。この世とお別れしなければならない寂しさでしょうか。それとも人生を全うした喜びでしょうか。

私はターミナルケアのお手伝いをさせていただいた方にあるお願いをしています。

「亡くなっていく方々に、この世界に生きている私たちにメッセージを残してほしいと思っているの。私たちはどう生きていったらよいのか、いまご自分が死を目前にして、どのように考えておられるのかなど、何か言葉をお願いできませんか?」

患者さんたちから返ってくる言葉で多いのは、やはり「残酷だ」「絶望だ」「無念だ」といったものです。

「私はもうすぐ死ぬんです。憎いけど、悔しいけれど、この事実を受け入れなければならないのです」

「死から逃げ出したいのではありません。死を弾《はじ》き飛ばしたいのです。でも、私にはできそうにありません」

「やはり死というものは無条件です。誰もが無条件に受け入れていかなければならないものなのです」


明日に希望が持てない時期に、生きる道筋を示し、しっかりとこの世とお別れしてもらう。それがターミナルケアの大きな目的です。

ターミナルケアのお手伝いをさせていただくにあたって、私が大事にしていることがいくつかあります。

ひとつはご自分の人生を肯定して、受け入れて亡くなっていただくこと。

「自分の人生はつらいことや苦しいことばかりだった。こんな人生はもう二度と繰り返したくはない」

「もっとよい人生を送りたかった」

「悪いことばかりしてきたから、地獄へ行くしかない。でも、地獄は嫌だ」

こうした思いを受け止め、患者さん一人ひとりの話に耳を傾けます。時には一緒になって喜んだり、一緒になって悲しんだりします。

多くの男性が、ご自分の成功談を語りたがります。他人から見ればほんの些細《ささい》なことであっても、「わあ、すごい、すごい！」と認めてもらいたいのです。

ある方は、若い頃数学のテストで100点を取ったことが自慢でした。勉強自体は得意ではなかったので、なおさら誇らしく思ったのでしょう。しかし、テストで一回100点を取ったぐらいでは誰も褒めてはくれません。それがご本人には寂しかったのでしょう。

他人から褒められたり、認められたりすることで、私たちは自分の人生を肯定できるようになります。少なくとも「それが自分の人生なのだ」と受け入れられるようになることを、この三十年間のターミナルケアの現場で体験して参りました。

自分の人生を受け入れることができたら、今度はお世話になった人たちに「ありがとう」と感謝の言葉を伝える。また、それと同時に迷惑をかけた人たちに「ごめんなさい」と謝罪の言葉を述べる。つまりは「ありがとう、ごめんなさい」を伝えてこの世を去っていくことができるようになります。

そうすることで安心してこの世とお別れすることができるのです。


私自身、これまでの人生を振り返ってみると、つらいことや苦しいことがたくさんありました。それでも私は思うのです。

どんな悲しみや苦しみにも「こんにちは、ありがとう」と言える人生こそが幸せな人生ではないだろうか、と。

私たちはみんな死にます。いつか必ず死という悲しい瞬間がやって来ます。

自分の死という悲しい出来事を「こんにちは、ありがとう」と言って受け入れられるような人生を送る。そのためには何をすればよいのでしょうか。

人生の「秋」、年齢でいえば55歳を超えた頃から、ご自分の死、すなわち人生の「冬」を迎える準備をしましょう。

ターミナルケアで出会った方たちがおっしゃいました。

「若い時から死とは仲良くしておいた方がいいよ」

「死は残酷です。こういう絶望があることが早くからわかっていたら、もうちょっと気持ちが軽かったかもしれません」

「死というのは生き方に関係があります。なるべく早い時期に考えておいた方がいいと思います」

「ありがとう」と言って死んでいくために、肉体は衰えても、精神性は上がっていくような人生を送ること。自制心を磨き、一日一日を感謝して生きるようにしていきましょう。常に相手に対する尊敬と信頼を忘れず、他人に我慢させるのではなく、自分の方が我慢することが大切だと思っております。

先ほど申し上げましたように、私の人生には、苦しいことやつらいことがたくさんありました。人様からは「いつも明るく、元気で、幸せそうに見える」ようですが、本当は違うのです。いままでに「幸せ」と思ったことは数えるほどで、つらかったことや苦しかったことの方がずっとずっと多かった。

でも、私はそれでよかったと思っています。

楽しいことよりも、つらいことや苦しいことの方が多かったから、こうして三十年以上もターミナルケアやグリーフケアを続けてこられたと思うからです。

これまで私が携わってきた仕事はすべて神様からいただいたものです。これまでに「私がやりたい」という理由で始めたことはひとつとしてありません。

すべて神様から「おやりなさい」と言われて始めたこと。自分の意志で始めたことでしたらずっと前に辞めていたかもしれません。

105歳で亡くなられた、聖路加《せいるか》国際病院名誉院長の日野原重明《ひのはらしげあき》先生。日野原先生とは長年にわたり親しくさせていただきました。

日野原先生は私にとってお父さんのような存在でした。先生もそう思ってくださっていたようで、行く先々で「自分に娘がいたとすれば髙木先生みたいな娘だったと思う」とおっしゃってくださいました。

最後に先生とお話ししたのは、亡くなる二か月ほど前の春の夜のことでした。先生は電話口でおっしゃいました。

「髙木先生は修道女だから、修道会での仕事もあると思うけれども、修道院の中でする仕事よりもいまの仕事を続けなさい。引いてはだめですよ」

「引いてはだめですよとは、どういうことなんですか?」と私が尋ねると、先生は「いまやっている仕事を全面的にやりなさい」とお答えになりました。

いま考えてみると、「あなたがいま手掛けているターミナルケアやグリーフケアの仕事を死ぬまで続けなさい」という先生からの遺言だったのでしょう。

私は宗教家の一人として「神様に近づきたい。近づきたい」と願って日々過ごしています。毎日、神様に「あなたの望みを果たさせてください」とお祈りをしています。

私は、これからもずっといまの活動を続けていくことでしょう。

一人でも多くの方がご自分の人生を肯定し、お世話になった人や迷惑をかけた人たちに「ありがとう」や「ごめんなさい」と感謝や謝罪の言葉を述べて穏やかに旅立つお手伝いをして参りたいと願っております。

向こうに行っても人は孤独ではありません。必ず誰かが待っていてくれます。

「ありがとう」といって死のう　もくじ

「ありがとう」といって死んでいくために……3

第1章
年を取るのは
恥ずかしいことではない

年を取るのは恥ずかしいことではない……20
人生の秋になったら冬を迎える準備をする……28

私たちはお月様。満月に向かって膨れ上がり、
満ちた瞬間に欠け始める …… 35
私たちの体には「生きたい」という
DNAが刻み込まれている …… 40
死は一度きりのもの。
死んだ経験のある方は一人もいらっしゃいません …… 45
日本人は「死ぬと無になる」と思っている人が多い …… 51
死を考えると、本当に大切なことが見えてくる …… 56
死を身近に感じ、仲良くする …… 62
死の絶望を軽減する …… 68
リアルな死は物体としてやって来る …… 74

第2章　どんな状況にあっても、私たちには楽しむ力、生きる力が備わっている

生きるということは、いろいろなものを捨てていかないといけないこと……82
どんな状況にあっても、私たちには悲しみを乗り越える力、生きる力が備わっている……88
人生の苦しみには必ず意味がある。いずれ喜びとして、希望として返ってくる……94
なりたい自分になれない。でも、それでいいのです……100
痛みがあっても穏やかに逝ける……104

泣きたいだけ泣いていい。叫びたいだけ叫んでいい …… 110
あのつらい時を生き抜いたからこそ
死ぬ時に死に切れる …… 119

第3章 心豊かな人生を送るために

肉体は衰えても精神性だけは上がり続ける。
そんな人生を送ってほしい …… 126
目に見えるものに執着しすぎると
いくつになっても精神性は上がらない …… 130
毎日を感謝して生きるとは、
「自制心」を使いながら生活すること …… 136

自己愛から解放されていくのが人としての成熟……142
自分がイライラしていることを
人に悟られないように生きる……148

第4章
向こうに行っても人は孤独ではない。誰かが待っていてくれる

向こうに行っても孤独ではない。
誰かが待っていてくれる……154
「死んだあとに素晴らしい世界が待っているよ。
そのことを多くの人に伝えてくれ」……160
お互い歩み寄れば、孤独はなくなる……167

どんな人でも亡くなる直前まで変わることができる……171
人は旅立つ前に素直になる……185
粋な生き方、粋な死に方……191
「See you again.」(また、会いたいね)は、私の好きな言葉……199
私は、生涯、寄り添い人であり続けるでしょう……203

装幀／next door design
装画／原田正美
ＤＴＰ／美創
編集協力／津村匠

第1章
年を取るのは恥ずかしいことではない

年を取るのは恥ずかしいことではない

昨年の秋、私は80歳になりました。80歳になって改めて実感したことがあります。それは「いくつになっても、こうして緊張感のある生活を送ることができる」ということです。

80歳の誕生日に、日野原重明先生にお電話をしました。今日が私の誕生日であることを知っておいてほしいと思ったからです。

電話に出られた日野原先生にそのことをお伝えすると、「あっ、もちろん覚えていたよ。おめでとう」とおっしゃってくださいました。

そして、こう続けられました。

「僕は80歳から聖路加病院の院長になりました、あなたもなさい」と、明るい声でおっしゃってくださいました。

日野原先生は、私から見れば怪物のようなお方でした。１０５歳で亡くなるまで「生涯現役」を貫かれた方です。あの方のおかげで、年を取ることが恥ずかしいことではなくなりました。

私はそのように思っています。

私がまだ若かりし頃、お年を召された方は口々におっしゃっていました。

「いやー、こんなに年を取ってしまって恥ずかしいわ」

そこには「年を取って申し訳ない」とか、「なんだか迷惑をかけていますね」といった意味合いが含まれているように聞こえ、その頃の私は「あれ？　年を取るっていうことは周りの人に迷惑をかける恥ずかしいことなの？」と思っていました。

こうした思いを払拭《ふっしょく》し、「年を取ることは恥ずかしいことではない。素晴らしいことなんだ」と思わせてくださったのが日野原先生です。

80歳を超えた現在もこうして第一線で働けているのは先生のおかげと、いつも感謝しております。

先生のお姿を見るたびに、「ああ、年を取ってもいいんだ。いくつになっても新しいことにチャレンジしていいんだ」という気概が生まれました。

私が日本の社会を代表しているわけではありませんが、先生のおかげで、日本の社会全体においても「年を取ることの意味合い」が変わってきたような気がしています。

日々の生活の中で「年を取ってよかった」と思える瞬間があります。

たとえば、人様から何かひどいことを言われる。すると、その瞬間は「まあ、そんなことを言って」と思いながらも、同時に「本当にそうなのよね」と受け止めることができる。若い時だったら絶対に我慢できなかっただろうことが、すんなりと受け入れられるようになったのです。年齢を重ねたおかげです。年齢を重ねたからこそです。

人間にはよい面と悪い面の両方があります。一人の人間の中に、自分から見ても人から見ても「よいな」と感じる部分、要するに長所があります。それと同時に、ここは自分でも嫌い、人から見ても「嫌だ」と思われる短所があります。

でも、よい部分も悪い部分も私自身なんですね。そのことを年齢とともに認められるようになりました。

自分の中のあまり見たくない部分を人に指摘されても、「私にはそういう部分があるのか。新しい側面を見せていただきました。ありがとう」と感謝できるようになりました。

もちろん言われた瞬間は「うーん」と思うことはあります。年齢を重ねても嫌なものは嫌なもの。そこは変わりません。それでも、「そうよね。私にはそういうところがあるのよね」と素直に受け止められる。そのおかげでイライラすることがずいぶんと減りました。

これが年齢を重ねるということ。私には、それがうれしく思えるのです。人間の感情はわがまま勝手。何かされたら「嫌だ」とか「うれしい」とかすぐに反応してしまいます。

しかし、いまはもう、「私の感情よ、ご自由にどうぞ」という感じで受け止められるようになったと思います。ですから、自分勝手な感情に対して「どうぞ、どうぞ、腹を立てるなら腹を立ててよ。喜ぶなら喜んでよ。だって人間だから、ある出来事に対して何も感じなかったらそれはおかしいでしょう」と、言えるようになりました。

だから、それはそれ。すべてを受け止めます。

でも、私はできるだけ感情には走らないようにしています。感情にすべてを譲ることはしたくありません。何を言われても、「ほんとにごめんなさいね」と、感情を抜きにした言葉を発することができるようになったと感じております。これは若い時にはできなかったことです。

若い時は、自分では気づいていても、人様から指摘されるとカチンとくる。すぐさま行動に出る。たとえば「あなた、何を言っているのよ。あなたにそんなことを言われたくないわ」と憤《いきどお》ったりする。それが普通でした。

でも、誤解しないでください。みんながみんなただ年を取ればそうなれるのかというとそれは違います。私は若い時から、自分の中のプラス面であろうとマイナス面であろうと、要するに短所であろうと長所であろうとなんであろうと、それが私なんだと受け止めようと努力してきました。

その時その時の感情に走らない、感情に自らを委《ゆだ》ねないためには、そうした積み重ねが必要だと思うのです。とてもつらい努力もありました。しかしその努力する力は、神様の恵みだったと感謝しております。

年を取った時に周りの人から「自分もああいう人になりたい」と思われるか、

それとも「あんな人にだけはなりたくない」と思われるか。それはやはりそれまでの生き方だと思うのです。特に人生の成熟期、季節でいえば「秋」に入った時に「これから少しずつ人間として成熟していかなければならない」と気づくことができるかどうか。このちょっとした違いが、年を重ねた時に大きな違いになって現れると思うのです。

自分の短所も長所も
すべて受け止める。
そうすると自然に
感情に振り回されなくなる

人生の秋になったら冬を迎える準備をする

私と年齢の近い方、あるいは私よりもお年を召された方を見て、ときどき残念に思うことがあります。

厳《きび》しい見方かもしれませんけれど、「ああ、この方々は、人生の冬に備えてこなかったのだなあ」と。

誰にも老いはやって来ます。老いが来て、やがて死がやって来る。

そのことを自覚して夏や秋に備えをしていたならば、いま見せているような恥ずかしい老後（人生の冬）を迎えるはずはなかったのではないだろうかと。

いくつになっても、まるで自分が20代や30代の若者であるかのようにふるまっておられる方がいらっしゃいます。お化粧から洋服まで、まるで人生の夏を過ごしているかのよう。物やお金を持つことが生きがいになっておられるのでしょうか。

どれだけお金を持っていても、物を所有していても、あの世へは持っていけないんですよ。年を取って、自分で自分のことができなくなった時に、お金があれば人様が面倒を看《み》てくださいます。でも、お金で若くなることはできませんし、「あれをしたい、これをしたい」と言っても限界があります。

人生の秋を迎えたら、できなくなった時のことを考えて、心の準備をしておかなければいけません。「お金があったら、物があったら、何でもできる」と思っているから、死を目前にした時に慌てふためくことになるのではないでしょうか。「こんなにお金があっても、こんなに物を持っていても、死の前には何の助けにもならない」ということを若い時から考えて過ごしていただきたいと願っております。

朝、目が覚めたら、太陽がどのように動いていくのかを観察してみましょう。一日は二十四時間で、朝があって、昼があって、夜が来る。太陽は東から上って、南中し、西の空へ沈んでいきます。日本には四季があります。冬があって、春があって、夏があって、秋があって、また冬が来ます。

一日二十四時間、一年三百六十五日で、季節が一巡りします。それは私たちの人生と一緒ではないでしょうか。

大自然は私たちに教えてくれています。季節と同じように、私たちの人生にも四季があるということを。

いつまでも夏が続いて、秋が続いて、永遠に冬はやって来ない。そんなことは決してありません。誰にでも必ず冬はやって来ることを身をもって学んでおきたいと思いませんか。

生まれてから20代ぐらいまでは春の時代。赤ちゃんの時代です。経験を積み、知識や知恵を蓄え、夏に備えます。

30歳を超え、結婚をして、家庭を持って、だんだんと自分の仕事も軌道に乗って、自由になるお金が増え、それにともない物も増えていく。目に見える所有物が多くなっていく。物質的に豊かになっていくのが夏です。年齢でいえば50代前半ぐらいまででしょう。

そして実りの秋を迎えます。子どもが結婚して、孫ができ、家族が増える。お金や物が増えていく時代は終わりを迎え、心を豊かにしていく時代に入ります。秋は冬を迎える準備の時期でもあります。冬に備えるとは、近い将来に自分にも最期の時がやってくるということを意識して生活するということです。

秋から冬に向かうということは、死を目の前にしてそのための準備を始めなさいということだと考えています。これが50代半ばから70代前半ぐらいまででしょうか。

そして、70代半ばぐらいから冬の時代に入ります。

冬というのはやはり死の世界です。すべての命が凍りついてしまうような時期です。いまでこそ24時間電灯を煌々《こうこう》とともした生活を送っていますが、冬は本来真っ暗闇の世界。このような時期を私たちは毎年経験しているのです。

日本には四季がありますから、雨季と乾季しかない国とは違って、秋が来たら冬が来ることを経験上よくわかっています。

当たり前のことですが、私たちは急に年を取るわけではないのです。

春が来て、夏が来て、秋が来て、冬が来る。これを繰り返して、だんだんと年を取っていく。

70代、80代に入ると急に死が近づいてきたように感じられるかもしれませんが、そうではありません。そのように感じるのは、冬（死）を迎える準備をしてこなかったから、特に秋という季節をしっかりと過ごしてこなかったからではないでしょうか。

人生の秋を迎えたら、冬を迎える準備をする。
秋は、いずれやって来る死と向き合う季節なのです。
これが私たちの人生なのです。
自然はそのことを教えてくれています。自然からもっと学びましょう。

いつまでも夏が続く、
いつまでも秋が続く、
決してそのようなことはない。
いつか必ず冬がやって来る

私たちはお月様。満月に向かって膨れ上がり、満ちた瞬間に欠け始める

私たちはお月様のような存在なのではないでしょうか。

お月様は、新月から満月に向かってどんどん膨れ上がっていき、満月になった瞬間に欠け始めます。一瞬として同じ状態にとどまることはありません。

これまでに、大手企業の会長さん、社長さん、取締役の方――たくさんのトップの方たちにお会いする機会がありました。大企業のトップに上り詰めれば、さぞかしご自身の人生に満足されていることと思われるかもしれません。

でも、違うのですね。

私たちの思いとは裏腹に、ご自分の人生に満足されている方は本当に少ない。多かれ少なかれ何らかの不足感を抱いていらっしゃいます。

なぜでしょうか。それは人間の欲には限りがないからです。

企業のトップや政治家の方たちと親しくさせていただけばいただくほど、「人間は生きている限り、心の底から満足することはないのだな」と思い知らされます。

冒頭で「私たちはお月様のような存在なんですよ」と申し上げたのは、そういう意味です。

ひとつ欲が満たされても、すぐに新しい欲が生まれる。欠乏感を抱き始める。いつになっても、どれだけ手に入れても、満足することはないようです。

私たちの人生は、その繰り返しです。私たちはお月様のような存在なのです。

欲があるのは悪いことではありません。

たとえば、食べたいという食欲があります。私たちは、本能的に食べたいという欲求を持っているからこそ、こうして生きていられるのです。

人間が持っている欲には、食欲、性欲、所有欲などがありますが、先ほども申し上げたようにいずれも限りがありません。制限がつけられないのです。

お金だってそうです。

お金には「これだけあったら満足できる」という上限がありません。100万円貯まれば500万円、500万円貯まれば1000万円、1000万円貯まれば3000万円……と、お金への執着は果てしないもののようです。

ある経済学者が「1億円あったら幸せな老後が送れますよ」とおっしゃっていましたが本当でしょうか。私は違うと思います。

10億円ないと楽しめないという人もいるでしょうし、年金だけでもそこそこ楽しく暮らしていけるという人だっているでしょう。

誰にとってもお金は大切なものですが、どのぐらいあったらいいかという尺度は人によって大きく違います。

私は、自分のお金を一銭も持っていません。生活に必要な分だけ、毎月、修道会から支給されます。そのことに対して、私が不満を持っているかといえばそのようなことはありません。こうして毎日暮らしていけるだけのお金をいただけるだけで私は満足です。

その一方でいくらあっても満足できない方たちもいらっしゃるのです。そのような方は、まず自分が持つ果てしない欲に気づくことが必要ではないかと思います。その上で「自分はこれ以上は望んではいけない」と身の丈を知ることが大切ではないでしょうか。

欲があるのは悪いことではない。
ただし、人生の秋を迎えたら
身の丈を知ることが大事になる

私たちの体には「生きたい」という
DNAが刻み込まれている

私たちは、何か特別なことがない限り、自らの「死」について考えることはありません。よほどの高齢にでもならない限り、自分の死をすんなりと受け入れることはできないでしょう。

それはきっと私たちの体に「生きたい」というDNAが刻まれているからです。ひとつの生命体として「生きたい」というDNAを持っているから、枯れていくことよりも、生き続けることを願うのではないでしょうか。

学問的に正しいのかどうかはわかりませんが、私はそう解釈しています。

でも、いつか枯れる時が来るのです。

いつまでも生きたいのだけど、いつか死んでしまう。死は、確実に私たちに近づいてきます。誰一人として例外はありません。

この点では私たちはみんな平等です。

いま生きているということ、そしていつか死ぬということ。

この平等さにいつ気づくか。また、それをどう受け止めて生きていくか。それが生きている私たちに与えられた課題だと思います。

人としての成熟を考えた場合、できるだけ早くそのことに気づき、死に向かって生きていった方がよいのではないでしょうか。

でも、誤解しないでください。それは何も、いつか訪れる「死」におびえて生きなさい、ということではありません。

確かに、人は死を目の前にすると、悔しい思いをしたり、無念に感じたり、落ち込んだりします。しかし、幸いなことに、私たちはまだその時を迎えてはいません。ですから、こうしていま生かされていることに対する喜びや感謝を感じながら一瞬一瞬を大事に生きていきたい、この与えられた人生を謳歌《おうか》したい。このように思いませんか。


自分がどういう死に方をするかはわかりません。

事故で亡くなるかもしれないし、災害に巻き込まれて命を落とすかもしれないし、心臓発作を起こして死ぬかもしれない、がんを発症し、私のような修道女にターミナルケアを受けて逝くことだってあるでしょう。

本当にどのような形で死ぬかはわかりませんが、いずれ自分は死ぬんだということを、他人事《ひとごと》ではなく自分のこととして受け止めておく。

それが大事だと思うのです。

自分の死、家族の死、あるいは身近な人の死。

どのような死であってもできれば考えたくはない。でも、みんないつかは死ぬ。

だから、頭の片隅にでもいいから「自分はいつか死ぬ」ということをインプットしておくことが大事だと思います。

家族の死や友人の死をきっかけに、自分にもそういう時が来るのだ、Xデーは必ずやって来るのだ、平等に訪れるのだ、という思いをいつもどこかに持ち続けておきたいのです。

その時に自分はどのような気持ちで「死」を迎え入れるのだろうか。どのような迎え方をしたら一番よいのだろうか。

こうした問いかけは、宗教や哲学の問題ではなく、私たち一人ひとりへの問いかけだと私は思います。

死について考えることは、生きていく上できっとプラスになるはずです。

私のように長年ターミナルケアに協力している者でも、死は不安であり恐怖です。ですから、私自身も日頃から自分の死について考えながら生活しています。

いつか自分は死ぬ。
そのことを心の片隅に置いておくと
そこから日々の感謝や喜びが生まれる

死は一度きりのもの。死んだ経験のある方は一人もいらっしゃいません

私たちの中に死んだ経験のある方は一人もいらっしゃいません。

死は人生で一度きりのものだからです。

ですから、自分の死を恐れるのは当然のことです。

ところが、一人いらっしゃったんです。

私の講演を聞きに来られた方々に「みなさんの中に死んだ経験をお持ちの方はいらっしゃいますか。死んだことのある方は手を上げてください」と問いかけたところ、演台に立つ私の方から見て、右側の中央付近に座られた男性がパッと手を上げられたのです。それはびっくりですよ。

しかも、若い方でしたから、一瞬、会場内がざわつきました。

でも、詳しくお聞きすると違ったんですね。死を体験したことがあるのではなく、生と死の淵をさまよう、いわゆる「臨死体験」をされたのでした。

私自身も臨死体験をしているのでわかるのですが、死と臨死体験とではまったく違います。臨死体験は死に限りなく近い体験といわれていますが、実際のところは死んでみないとわかりません。

それに何より、死を体験した者はこの世界には戻っては来られないという決定的な違いがあります。

ですから、その男性の方には「そうですか。一度亡くなられたんですね。でも、よかったですね。ここまでおいでいただけるようになられて」と申しました。ご本人も「本当ですよ。僕は生き返ったんですからね」とおっしゃいました。すると、会場内に軽い笑いが起こり、雰囲気は元の和やかなものに戻りました。

なぜ、私がこのようなお話をしたかと言いますと、私たちの中には死んだ経験のある者は一人もいない、死については誰もが未体験である、その事実を改めて確認しておくためです。

家族の死、友人の死、そして自らの死――私たちは人生の中で悲しみや苦しみに直面した時に、その意味を探そうとします。ところが人生には「なぜ」と問うても、答えの見つからないことがいくつもあります。

たとえば、私は普通の人に比べて背がずいぶんと低い。自分一人で新幹線の網棚に荷物を載せられないぐらいです。だからといって「どうして私はこんなにチビに生まれてきたのだろう。背が低いことでどうして悩まないといけないんだろう」と問うたところで、誰も答えてはくれません。

逆に背が高すぎて「高木先生はどこを歩いても頭を下げなくてもいいでしょう。僕は天井が低いところでは、いつも頭を下げて歩かないといけないんですよ」という方もいらっしゃいます。

そのようなことを言われても、「それはお気の毒ね。でも、仕方がないわね」

としか言いようがありませんよね。

このように、人生には「なぜ」と問うた時に答えのないことがたくさんあるのです。でも、それはそれで仕方がないこと。受け入れていくしかないのです。

死を目の前にして、

「なぜ、私はいま死ななければならないの？　これからという時なのに……」

「なぜ、私なの？　私が何をしたっていうの？」

などと、その理由をいくら考えたところで答えが見つかることはないでしょう。

人生における苦しみや悲しみは、私たちが死ぬまで続くものです。

多くの人が経験的にそのことを知っています。

愛する家族の死、親しい友人の死、そうした死別を体験した私たちは、自分が死を迎えるまでその時の苦しみ悲しみを忘れることはありません。

でも、それが人生の摂理だと私は思うのです。

　とはいえ、そうした大きな悲しみや苦しみを体験せずに、普通に生きて、平和な生活をしてきた方も大勢いらっしゃいます。もちろん平凡な生活には平凡な生活なりの悲しみや苦しみがありますす。自分の思いどおりにならず、悔しい思いだってされてきたことでしょう。そのような方であっても、最後の最後にご自分の「死」という、大きな悲しみ、苦しみに直面することになります。

　80歳、90歳となって急に「えっ！　僕が死ぬの？　私が死ぬの？」と気づき、強い不安に襲われる。「私は死んだらどうなるの？」と急に心配になる。

　それは、これまでご自分の「死」について真剣に考えたことがなかったからです。いいえ、あえてご自分の「死」について考えることを避けてきたのでしょう。

　だから、慌《あわ》てふためくことになるのです。

　でも、それは誰もが一度は経験することです。なぜなら、死んだ経験のある方は一人もいらっしゃいませんから。未知の世界への旅立ちには、不安はつきものですから当たり前の感情でしょう。

自分の死という
大きな悲しみは必ず訪れます。
その悲しみを穏やかに
迎えるために心の準備をしておく

日本人は「死ぬと無になる」と思っている人が多い

みなさんは、自分が死んだらどうなると思いますか。これから五つ選択肢を挙げますので、その中から自分の考えに一番近いものを選んでください。

①死んだら無になると思う。

②死んでも無にはならない。何かが残る。だけど、それが何かはわからない。

③自分は何かに生まれ変わると思う。

④天国とか極楽とか、自分がイメージしている世界に行くと思う。

⑤大自然に溶け込んでいく。

この五つです。

最後の「大自然に〜」は、三番目の「生まれ変わる」とは少し意味が違います。

大自然に溶け込んでいくというのは、たとえば「分子になってしまって自然の一部になる」といった意味です。

あなたはどれを選びますか？　順番に意味はありません。一生懸命に考えようとはせず、今まであなたが考えてきたことに一番近いと思うものを選んでください。

いかがでしたか？

私はこうした質問をときどき講演会で行うのですが、一番多いのは「無になる」と思っている人です。これは私の講演を聞きに来られた方に限った話ではなく、日本人には「無になる」と考えている人が大多数のようです。

以前、大きな企業の取締役会で話をしてくださいと頼まれ、その際にも同様の質問をさせていただきました。

「自分がイメージしている世界に行くと思う」とお答えになった方が数名いらっしゃいましたが、やはりほとんどの方が「無になる」とお答えになりました。

質問は、誰がどこに手を挙げたかがわからないように、目をつぶって下を向いた状態で行うのですが、他の人がどう考えているかが気になったのでしょう。

講演のあと、「無になる」と答えた副社長が、部下の専務に向かって「なんでおまえは、天国とか極楽に行くというところで手を挙げたんだ」とおっしゃいました。

私はそれを聞いてびっくりして尋ねました。

「そういうあなたはどこに手を挙げたんですか？」

その方は、その場にいた全員が「無になる」に手を挙げると思い、ご自身もそうされたそうです。ところが薄く目を開けてすぐ横を見ると、部下の専務は、最初の「無になる」には手を挙げず、四番目の「天国とか極楽〜」に挙手するではないですか。「いったいどういうことなんだ」と不思議になり、ずっと気になっていたとおっしゃいました。

実は、質問の狙《ねら》いはそこにあります。私にとって「誰がどこに手を挙げたか」ということは大きな問題ではありません。

大切なことは「自分がどこに手を挙げたか」という記憶が本人の中に残ること。たとえば「自分は『無になる』に手を挙げたけれど、果たして本当にそうなのだろうか」とご本人に考えていただくためです。

他人がどう考えているかを知るためではなく、自分が死後の世界をどのようにとらえているかを自身に問うためのものなのです。

多くの日本人が「死んだら無になる」と考えています。それはおそらく死と向き合いたくないから、自分の死について深く考えたくないからでしょう。「死＝無」としてしまえば、それ以上に考えなくてすみますからね。

またそれは、私たちの体に「生きたい」というDNAが刻み込まれていることを考えれば、至極当然の反応です。

しかし、これまでに一度も死と向き合ったことがない人は、死が間近に迫った時に慌てふためくことが多くあります。

自分は死んだらどうなるのか？
それが死について考える
第一歩になります

死を考えると、本当に大切なことが見えてくる

私はターミナルケアでお会いした方たちにひとつお願いをしています。

それは「私たち、いま生きている者」へのメッセージです。

「いまご自分が、死を目の前にしてどのように考えられているのか」

「結局、私たちはどう生きていったらよいのか」

といった生と死に対する根源的な問いに答えていただいています。

「死というのは生き方に関係があります。若いうちから考えておいた方がいいと思います」

そうメッセージしてくれたのは、大手企業に勤めていたAさんという男性です。

原発巣は食道がん。その後、胃への転移が見つかり、48歳でこの世を去られました。

Aさんは、私の質問に対して、正直に誠意を持ってお答えくださいました。少し長いのですが、ご紹介します。

「先生、そんなこと聞かないでください。私はいまでも死を考えたくない。みんなもそうだと思いますよ。でもやはり死ぬんですよね。

大学生の頃、死を真面目に考えたことがありましたが、その時は他人事としての死でした。それと比べて、いまのこの苦しみ、悲しみ、寂しさ、家族との別れ、仕事を中途半端で辞めなければならない無念さ。いま感じているこのつらさを思うと、大学の頃に考えた死は本当の死ではありませんでした。

もっと前から、生身の苦痛と苦悩をともなった死について考えていたら、心の準備ができ、周りの人々との関係もいまよりもうまくいったことでしょう。

もう一度人生をやり直すことができたら、生き方が違ったと思います。家族との関係も違ったと思います。そして周囲の人々への感謝の心も違ったことでしょう。

死は生き方に大きな影響を与えます。ですから、若い時から考えておいた方がいい。

私は現実の死を目の前にして、初めてそのことに気がつきました」

これらの言葉からわかるように、Aさんは実に紳士的な人物でした。ジェントルマンでした。最後まで心乱すことなく、旅立っていかれました。

さぞかし高尚な世界に身を置いていらっしゃった方だろうと思われるかもしれませんが、彼の場合はそうではありませんでした。

競争の激しい経済界にいて、人間の欲というものを嫌というほど見てこられた方でした。出世争い、権力争い、足の引っ張り合い。

出世のためなら二枚舌、三枚舌で権力のある人たちにすり寄っていく。彼自身も出世コースに乗り、ことあるごとに争いに巻き込まれていたそうです。がんが見つかったのは、そうした競争社会に嫌気がさした時でした。Aさんがメッセージの中で「周りの人との関係」や「周囲の人への感謝」に触れているのは、そうした理由があってのことでしょう。

他人を蹴落としてでも出世したい。そのような人たちがうごめく競争社会のど真ん中で戦ってきて、最後にAさんが抱いた思いは次のようなものでした。「ああ、人生の最後というものはこういうものなのか。だったら、もっと素直に生きてくればよかった。もっと人を大事にすればよかった」

四十八年の人生のうち、半分以上を競争社会で頑張ってきたAさん。そんなAさんだからこそ、最後の最後にこのような想いを持たれたのでしょう。

Aさんは「一期一会」という言葉をよく使っていらっしゃいました。「いまの出会いがすべてであり、最後なんだという思いを持ってほしい」と。

次のようにもおっしゃいました。

「人間は、生きている間の人間関係というのが一番大事なんだよ」

きっとAさんは、欲にまみれた醜い世界の中にいたからこそ、逆に「よい人間関係を築けない人生は、幸せな人生とは言えない」と感じられたのでしょう。また、そのことを感じながら生きてこられたのだと私は思います。

死を目前にすると
本当に大切なことがわかります。
もっと素直に生きてみよう。
人との関係を大事にしよう

死を身近に感じ、仲良くする

次にお話しするのは58歳の女性の方。仮にBさんとしましょう。

Bさんは独身でずっと中学校の先生をされていました。

ある時、Bさんにすい臓がんが見つかりました。しかも末期でした。がんの中でもすい臓がんは怖い病気で、見つかった時には末期であることが多いのです。「末期がん」であることを告げられたら、普通なら怖くて怖くてたまらなくなったり、その場から逃げ出したくなったりします。

ところがBさんは違いました。お医者さんから「すい臓がんの末期です」と伝えられた時に「私は手を打って喜んだ。小躍りしてうれしがった」とおっしゃいました。

なぜでしょうか。

Bさんはお年を召されたお母様と二人暮らしをしておられました。

私と出会う少し前にお母様を看取ったばかりだったのですが、認知症を患《わずら》っておられたために非常にたいへんな思いをなさったそうです。長年務めてきた教師を辞め、つきっきりでお母様の面倒を看てこられたとおっしゃっていました。

そのようなことがあり、独り身であるご自分の老後のことを憂いておいでだったのでしょう。自分は一人だから頼れる人はいない、認知症にでもなったらどうしよう、私のことは誰が看取ってくれるのだろう、と。

すい臓がんが見つかったのは、その矢先のことでした。

だから、彼女は「すい臓がんで余命いくばくもない」と知り、「これで、もう老後を心配する必要はない」とホッとされたそうです。

ところが、一週間が過ぎ、二週間も経つと、それまでとはまったく異なる感情に心が支配されるようになられました。

「自分はもうすぐ死ぬ」ということが受け入れられなくなっていったのです。

そして「母は88歳まで生きたのに、なんで自分は60歳にもなっていないのに死ななきゃいけないの？」と理不尽に思うようになられたのです。

どうしても自分の死が受け入れられない。悶々《もんもん》とする彼女を見かねたお友達が、私のことを紹介してくださいました。

彼女とお付き合いしたのは三か月間ほど。

最初は小躍りして自分の死を喜んだ彼女でしたが、最終的にはやはり自分の死を受け入れることは難しかった。そんな彼女が私たちに残してくれたメッセージは次のようなものでした。

「もし私が、死と仲良くして生きてきたら、いまこのように苦しむことはなかったでしょう。みなさんは、若い時から、元気な時から、死と仲良くして生きた方がいいと思います。仲良くというのは『死というものが自分の身近に存在していることを実感しながら生きていく』という意味です」

繰り返しになりますが、やはり私たちの体には「生きたい」というDNAが刻まれているのでしょう。ですから、よほどの高齢になって老衰で死ぬのでない限り、そう簡単に死は受け入れられないと思うのです。

それでも死は必ずやって来る。

「だからこそ、その死が身近にあるんだということを大事にし、仲良くしておかないといけない。その仲良くというのが難しいんですよ」

このように彼女はつくづくおっしゃっていました。

仲良くしておく――きっと彼女のボキャブラリーの中で、一番美しいけれども、一番難しい言葉が「仲良くする」ということだったと思うのです。その言葉を使って私たちに「死と仲良くしていくことですよね」とおっしゃった。

死と仲良くする。

これは最期の最期まで彼女が言っていた言葉でした。

「ねえ、高木先生。死と仲良くできるということは大事なことですよね」と繰り返し口にされていました。

私は彼女のこの言葉をすごく重いメッセージとして受け止めています。

死を忌み嫌わず、
若い時から
仲良くなれるように努力する。
そうすることで苦しみは減らせる

死の絶望を軽減する

Cさんは大手企業に勤務されていた男性。38歳で課長になった矢先にすい臓にがんが見つかりました。お子様は二人。小学校の入学を間近に控えた6歳の長女と3歳の次女。

私がCさんに「いま生きている者にどのようなメッセージを残されますか」とお尋ねすると、彼は私の顔をじっと見て、こうおっしゃった。

「残酷です。残酷です」

この言葉を耳にして、私はドキッとしました。一瞬、時が止まったような感覚に襲われました。そして、次に何をおっしゃるだろうと待っていたら、静かに落ち着いた声で、

「いま僕は絶望の状態にある。僕と同じ絶望を感じていない人間に、このような絶望を体験したこともない人間に何が言えますか」

とおっしゃいました。

Cさんの「残酷です」という言葉は、ほかでもない私に向けられたものでした。考えてみれば、Cさんは38歳でまだまだお若い。同年代の若い奥様がいらっしゃって、小さな娘さんが二人。彼女たちを置いてこの世を去ることは、Cさんにとって本当に残酷なこと。また彼自身にしても課長に昇進したばかりで、これから頑張ろうと思っていた矢先のことでした。

頑張りたかったのに頑張れない悔しさ。そんな絶望の淵にいたCさんに、私の先の質問は、確かに残酷すぎました。

私はすぐさまCさんに「本当にごめんなさい」と謝りました。幸運にもCさんは私を許し、これを契機に私に強い信頼を抱いてくださるようになりました。

あるときCさんは、静かにおっしゃいました。

「絶望の中にある人間が何を言うべきかはわかりません。でも、僕がいま感じているような絶望感だけは味わわせたくない」

「もし、人生にこれほどまでの絶望があることを知っていたら、いま感じている絶望はもう少し軽かったかもしれない」

「だから、『人生にはこうしたこともあるかもしれない』ということは考えておいた方がよいかもしれない」

これらの言葉は、いまも私の記憶に強く残っています。これらの言葉を口にしたときの彼の表情や口調もはっきりと覚えています。

顔はものすごく緊張していて、それでいて口調は静かで落ち着いたものでした。あの時の彼の緊張した顔がすべてを物語っていました。彼の心の中には、深くて暗くて冷たい絶望感がある。それが表情に現れているようでした。

「残酷」という言葉から始まって、彼の心を苦しめる「絶望感」。そんな絶望感

に襲われることを、もし前もってわかっていたら、これほどまでに絶望すること
はなかったかもしれない。
そのことを家族や周りの人たちに伝えたい。

私は尋ねました。「いまはそうした実感がおありになるけれど、元気な時に死
や絶望について考えろと言われたら、あなたはお考えになられましたか？」
「いや、それは考えられませんし、考えない方がいい。そんなことよりももっと
楽しいことを考えた方がいい。
しかし、そうであっても、僕は伝えたい。死というものは残酷なんだ。死はブ
ラックホールのようなものなんだ。人の希望をすべて飲み込んでしまう恐ろしい
ものなんだ。残酷だけど、そのことをわかって毎日を生きてほしい。
僕はそう伝えたい」
彼は本気でした。すべての希望が死というブラックホールに飲み込まれていっ

て、残ったのは絶望だけ。そのことを周りの人にどうしても伝えたかった。それは、そうした絶望があることをあらかじめわかっていれば、わずかかもしれないけれど絶望が軽減されると信じていたからです。

最期の最期、ずいぶんと弱られてからの彼の言葉は、「助けてくれー、助けてくれー」というものでした。それで私が「必ず神様や仏様が助けに来てくださるから大丈夫よ」とお声がけをしたら、「うん。僕は神様というのかなんというのかわかりませんけど、先生がおっしゃる大いなるものが自分を助けに来てくれると信じています。もう高木先生に騙《だま》されたと思って死んでいこうと思っています」とおっしゃってくださいました。

結局、私は彼の最期を看取ることはできなかったのですが、奥様からは「とても静かな最期でした」とお聞きし、ホッとしたことをいまでもしっかりと覚えています。

死とはブラックホールのようなもの。
人の希望をすべて飲み込んでしまう。
そうした絶望があることが
わかっていれば、絶望は軽減される

リアルな死は物体としてやって来る

これからお話しするDさんという男性は、本がたいへんお好きな方でした。特に小説や文学を好んで読まれてきたそうです。

Dさんは40歳直前にがんで亡くなられました。お医者様からがんであることを告げられ、余命を知らされても、死ぬことに不安は感じなかったそうです。大好きな読書を通じてたくさんの死の場面を見てきたからだとおっしゃいました。

死に直面した登場人物たちは「死とは何か？」「死んだらどうなるのか？」などと模索しながら死んでいきます。その答えはたいてい同じでした。

「死んだら無になる。空《くう》になる」

Dさんの考えも物語の登場人物たちと一緒でした。

ですから、死んだあとのことを心配する必要はほとんどなかったとおっしゃいます。死んだら「無になる」「空になる」ことがわかっていたからです。

ところがあることがきっかけで考えは一変します。


ある日、Dさんの奥様が「あなた、本当に残念ね」と突然泣き崩れてしまいました。理由がわからなかったDさんは「それはどういうこと?」と尋ねました。するとと奥様は「だって、あなたはもうすぐがんで死んでしまうのよ。死んでしまうなんて怖い、怖くて仕方がない」と涙でぐしゃぐしゃになった顔でお答えになったそうです。

この時に初めてDさんは自らの死を実感したそうです。

物語を通じて知っていた「死」ではなく、生身の人間としての「死」が自分に襲いかかってきたそうです。

えたいの知れないものがバーンと体にぶつかってきて、いったい自分はどうなってしまうのかと思ったそうです。その際、Dさんが思い描いたイメージは、真っ暗闇の中に自分が溶けて消えてしまう様子でした。

この日を境に、Dさんは死の恐怖で眠れなくなります。

これまでDさんは、「死んだら無になる。だから死んだあとのことは考えなくてもいい。それでおしまい。すべてそれで決着がつく」と考えておられました。ところが、現実の「死」に直面して考えは変わりました。

「先生、何にもないところに消えていくのは怖い、怖い、怖い」と恐怖におびえるようになられたのです。

私が「怖いってどういうこと？」と尋ねても、それに続く言葉は出てきません。

奥様はDさんの様子を見て、「まるで幽霊を見ているみたい」とおっしゃいました。するといつも温厚なDさんが「ふざけるな」と大声で奥様を一喝されました。そこにはたぶん「そんなおどけ話じゃないんだぞ」という、生身の死に直面した者にしか感じられない恐怖があったのだと思います。

無になること、空になることにおびえるDさんに私は申しました。

「たとえ肉体が滅んでも、脳が死んでしまっても、あなたの中の何かが残る。何が残るのか、どういうふうに残るのかは私にもはっきりとお答えできません。なぜなら私には死んだ経験がないからです」

するとDさんは、次のように尋ねました。

「高木先生もですか？　先生は死んだらどうなると考えていますか？」

私は答えました。

「私は神様にお仕えする身ですから、また次の世界に行くんですよ。そこは私にとって天国。完璧な世界ですから、言葉で言い表せないほどの幸福感に満たされています。それこそ、私たち人間が持っているすべての欲を満たしてくれる世界なんです。明るく、輝いていて、私がほしいと思ったものはなんでも手に入る。私にはそんな素晴らしい世界が待っているんですよ」

するとDさんは「はー」と驚いた顔をされました。


私は「自分が死んだら私は天国へ行ける。すべてが満たされる完璧な世界に行ける」と信じています。ですから「髙木先生は死んだらどうなると思いますか?」という質問には大喜びで「天国へ行きます」とお答えしています。

一方で「自分は死んだら地獄に行く。だから怖い」という方がいらっしゃいます。本人にこれまでに悪いことをしてきたという自覚がある。だから地獄へ行くことを恐れる。何も悪いことをしていない人は地獄を怖いとは思わないはずです。

でもね。私はこう思うのです。宗教的に確かに地獄は存在します。ただし、誰が行っているのかは誰も知りません。ユダ? ヒトラー? すべての悪人?

何を言っているんですか。そんなに地獄が好きなら、あなたが行けばいいじゃないですか。あなたが地獄へ行く最初で最後の人になればいいじゃないですか。「地獄が存在していても、そこには誰も落とさない、行かせない」それがサムシング・グレイト、大いなるもの、神や仏のお慈悲です。

これは私の信仰であり、確信でもあります。

ある方は「先生は天国に行きたいんでしょう。でも、僕は死んだら極楽に行きますから、もう会えませんね」とおっしゃった。

それに対して私が「大丈夫よ。向こうで待っていてちょうだい。私が天国に行ったらね、天国のドアを一生懸命に開けて、あなたのいる極楽のドアをよいしょって開けて、あなたを探しに行くからね」とお答えしたところ、「天国から極楽へ行けるんですか？」と真面目に心配なさった。

死を目の前にした人に向かって「何を不謹慎な」と思われた人もいらっしゃるかもしれません。でも、これぐらいのユーモアを持って話ができるまで信頼関係を築いていないと、ターミナルケアはできないのです。

文学を通じて知った死と
生身の人間としての死。
後者は自分を襲ってくる物体だった

第2章
どんな状況にあっても、私たちには楽しむ力、生きる力が備わっている

生きるということは、いろいろなものを捨てていかないといけないこと

イタリア映画の『道』。

みなさんはご覧になられましたか？

この映画を見てつくづく感じるのは、人生って本当につらいということ。人はいろいろなものを捨てながら生きていかないといけませんし、誰しも何らかの喪失体験をしながら生きていかなければなりません。

フェデリコ・フェリーニ監督の『道』はちょっと古い映画ですが、アカデミー賞を受賞した有名な作品ですので、ご存じの方もいらっしゃるでしょう。私が初めてこの映画を見たのは修道生活に入る直前、22〜23歳の頃です。

『道』には、乱暴者の旅芸人の男（ザンパノ）と知的障害のある女性（ジェルソ

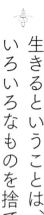

ミーナ）が登場します。ジェルソミーナはザンパノにお金で買われ、奴隷のように扱われています。また彼女は知的障害のため、自分の喜びや苦しみをうまく表現することができません。

一方のザンパノは、胸に巻き付けた鉄の鎖《くさり》を力任せに引きちぎって見せるような粗暴な男。ある時、友人たちとケンカをして相手を殺してしまいます。

そのために、すぐにもその場から逃げないといけない。ところが、その様子を目の当たりにしたジェルソミーナは取り乱して、「あの人が死んじゃった、死んじゃった」と叫ぶばかりで動こうとしない。ザンパノが「車に乗れ」と言っても言うことを聞かない。道端に寝転がってそこから動こうとしない。ジェルソミーナを連れていくことをあきらめたザンパノは、寝転ぶジェルソミーナに一枚しかない毛布をかけ、自分が持っていたお金をすべて彼女の頭の横に置いて去っていきます。

このシーンで印象的なのは、あれほどの乱暴な男性であっても、彼女を置き去りにして逃げる際、自分ができるすべてのことをしてあげたことです。

素直に「ああ、いいなあ」と感動しました。

彼女と別れてから数年後、ザンパノはある町で偶然、ジェルソミーナが亡くなったことを知ります。それを聞いたザンパノは、海岸で一人、狂ったように泣き叫びます。映画はこのシーンで終わりを迎えるわけですが、私はあの場面を見ながら、「人生というものは本当につらい。本当につらいけれど、それが人の道」と改めて気づかされました。

もちろん映画には、生きることのつらさばかりではなく、私たち人間の持つ「尊い愛」もしっかりと描かれています。


このように人生はつらい。でも、そのつらさにも意味があるんですね。

たとえば、自分の人生を振り返りながら、「こういうことがあった。ああいうことがあった」「あの時は本当にたいへんだった。とってもつらかった」、あるいは、それとは逆に「あの頃はとても幸せだった」「毎日が楽しくて仕方がなかった」。このように、つらかったこと、楽しかったことなど、これまでに経験してきたあれこれをしっかりと把握しておけば、将来、他人を理解する時に想像力が働くようになります。

「あの人はお幸せそうに見えるけれど、本当は苦しんでいるのかもしれない」

「周りにはつらそうに見えても、実はお幸せなのかもしれない」

他人を理解したり、周りとの関係を築いたりしていく上で、こうした想像力はとても大事なのです。想像力を働かせるためには、何よりも体験、経験が必要なのではないでしょうか。

楽しい経験やうれしい経験ばかりでは、本当に苦労されている方のことはわからないでしょう。わからないままでは人に寄り添うことができません。

自分の思いだけで相手を見ていたら、それは小さな穴からその人をのぞいているようなものです。もっともっと広い目で見ていくためには、よいことも悪いことも、楽しいことも苦しいことも、全部丸ごと受け入れていく。そうでなければ、偏《かたよ》った目で人を見てしまうことになります。

人生って本当につらい。いろいろなものを捨てていかないといけない。でも、そこから目を逸《そ》らしてはいけない。

時には悲しみに寄り添うことも大事なことではないでしょうか。私たちは、そのことを忘れてはいけないと思うのです。そうした意味でも、この映画をまだご覧になっていないようでしたら、一度ご覧になられることをお勧めします。

この映画で思い知ることは、人間はすべてにおいて悪人であるのでなく、またすべてにおいて善人であるわけでもない、人はよいところも悪いところも両方を持ち合わせているということです。

主人公のザンパノは一見悪人に見えますが、彼の心にも、やさしく、人を思う気持ちが残っていることが見えてきます。

きっと生きる希望が湧いてくると思います。

今日苦しんだことが、
明日、誰かを救うかもしれない

どんな状況にあっても、私たちには悲しみを乗り越える力、生きる力が備わっている

どんなに苦しい状況にあっても悲しみから目を逸らしてはいけないと思います。悲しみから目を逸らしてしまうと立ち直るのがかえって遅くなってしまいます。悲しみは忘れようとしても忘れられるものではありません。ずっと心の中に残ります。

だからこそ、あえて悲しみに向き合う。向き合うことによって、悲しみから自分を解放することができます。

では、悲しみと向き合うためには何をすればよいでしょうか。

たとえば、信頼できる方（第三者）に話を聞いてもらうのもよいでしょう。「悲しいんです。悲しいんです」と心のうちをさらけ出すのです。

すると不思議と気持ちが楽になっていきます。自分の中の悲しみに向き合っていながら、悲しみから自由になっていくのです。

もちろんすべての人がそうではないでしょうが、私がこれまでお会いしてきた人の多くが、悲しみとしっかり向き合うことによって、深い悲しみから解放されていかれました。

いま自分は悲しい。本当につらい。そんな自分の心をしっかりと受け止めて、悲しい時には悲しみ、泣きたい時は思う存分に泣く。

そのようにして自分の感情を解放してやることが大事なことではないかと思います。

悲しみから自由になる方法は人それぞれです。

先のように人様に自分の悲しみや苦しみを話して聞いてもらうのもいいでしょうし、自分の好きなことに夢中になるのもよいでしょう。

ある方は「私は山に登ると解放されるんです」とおっしゃっていました。食べること、買い物、旅行……、なんでもかまいません。夢中になれること、楽しむことが大切なのです。

東日本大震災で家族や住む家を失った方々を慰問した際、被災者の方たちに「いま何がしたいですか？」と尋ねると、「カラオケ！」と返ってきました。それで、カラオケボックスに行き、みなさんと一緒になって歌いました。

人によっては「そんな不謹慎な」と思われるかもしれません。

しかし、十分でも二十分でも悲しみを忘れて、みんなでワーッと歌って、「楽しかったわよね」と別れる。

あとで参加された方の一人が教えてくださいました。

「津波で娘さんを亡くされた方がおっしゃっていました。『あの時だけは、亡くなった娘と一緒にカラオケを楽しんでいるような気分になれました。本当に楽しかった。それで気づいたんです。ああ、私にはまだ人生を楽しむ力が残っているんだって』と」

誰かと一緒に楽しい時間を過ごすことで、「ああ、私はまだ楽しむことができるんだ。家族を失ってしまったけれども、私には生きる力が備わっているんだ」と気づく。そのことが何よりも大事なことなのです。自分の中にある「生きる力」に気づくことで、生きる自信が持てるようになります。

苦しい時、悲しい時に、うーんと沈み込んでしまったら、生きる力を取り戻すのは難しいでしょう。

そうした人間の持っている「悲嘆力（悲しみを乗り越える力）」「楽しむ力」「生きる力」を引き出すために寄り添うのが、私たちのような第三者の役割なのです。

「子どもを亡くしたばかりだから」とか「配偶者が亡くなったから」といって、「こうしなければならない」と自分で枠を作るのもやめましょう。

日本人には多いと思うのです。「こうしておかなければならない」と自分を自分で檻《おり》に閉じ込めてしまうような人が。

「私は幸せになってもいいんでしょうか?」

冗談じゃありません。当たり前でしょう。

どんな状況にあろうと、私たちは幸せになるために生きているのです。

郵 便 は が き

料金受取人払郵便

代々木局承認

1536

差出有効期間
平成30年11月
9日まで

1 5 1 8 7 9 0

203

東京都渋谷区千駄ヶ谷4-9-7

(株) 幻冬舎

書籍編集部宛

1518790203

ご住所 〒 都・道 府・県	フリガナ お名前
メール	

インターネットでも回答を受け付けております
http://www.gentosha.co.jp/e/

裏面のご感想を広告等、書籍の PR に使わせていただく場合がございます。

幻冬舎より、著者に関する新しいお知らせ・小社および関連会社、広告主からのご案内を送付することがあります。不要の場合は右の欄にレ印をご記入ください。

不要 □

書をお買い上げいただき、誠にありがとうございました。
問にお答えいただけたら幸いです。

ご購入いただいた書名をご記入ください。

』

著者へのメッセージ、または本書のご感想をお書きください。

●本書をお求めになった動機は？
①著者が好きだから　②タイトルにひかれて　③テーマにひかれて
④カバーにひかれて　⑤帯のコピーにひかれて　⑥新聞で見て
⑦インターネットで知って　⑧売れてるから／話題だから
⑨役に立ちそうだから

生年月日	西暦　　年　　月　　日（　　歳）			男・女
ご職業	①学生	②教員・研究職	③公務員	④農林漁業
	⑤専門・技術職	⑥自由業	⑦自営業	⑧会社役員
	⑨会社員	⑩専業主夫・主婦	⑪パート・アルバイト	
	⑫無職	⑬その他（　　　）		

ご記入いただきました個人情報については、許可なく他の目的で使用することはありません。ご協力ありがとうございました。

悲しみから逃げるよりも、
向き合った方が
悲しみから早く解放される

人生の苦しみには必ず意味がある。いずれ喜びとして、希望として返ってくる

私自身、人の見えないところで苦しむことがあります。そのことで、ときどき本当に嫌になることもあります。

「なぜ、私をターゲットにしないといけないの？」

「私はいったい何者？　本当にそれほどまでに攻撃されなきゃならないの？」

などと訝《いぶか》ることも一度や二度ではありません。

約十年間、親しくさせていただいたある女性は突然、私を攻撃し始めました。

つまり私は裏切られたわけですけれど、私には「自分が裏切られた」ということよりも、まず「なぜ、私を攻撃の対象にするの？　私はあなたのライバルになるような人間ではないのに」と思いました。

「あなたのような偉い人が、なんで私に競争心を持つの？」と驚かされたこともあります。そのような時は「私はいったい何者なの？」「えー、私って人にそういうふうに見られているんだ」と驚かされます。

自分自身の理解と他者の理解が乖離《かいり》している。

一見、いつも元気そうに見える私ですが、人には見えないところでいろいろと苦しんでいるのです。

それでも耐えていく。さまざまな苦しみやつらさに耐えられるのは、私一人の力ではありません。こういう仕事ができる、いまのような人生が歩けるのは、やはり神様が私とともにいてくださるからです。

神様が私を働かせてくださっているからなのです。

にわかには信じられないかもしれませんが本当なんですよ。

さて、神様のお話はこのぐらいにして、人生の苦しみの意味について話を続けましょう。

私は人生の苦しみやつらさには必ず意味があると思っています。いずれ喜びとして希望として自分たちに返ってくると信じています。事実、私はターミナルケアを通じて、そのような体験をされた方に何人もお会いしてきました。

「人生における苦しみは無意味ではない。一番の悲しみ、つまり自分自身の『死』が訪れた時に、『ありがとう。苦しみよ、本当にありがとう』と言える」ことを知っています。

私たちは、いまの人生の中で生きている意味を探そう、いま感じている苦しみの意味を見つけ出そうとしますが、そうそう見つかるものではありません。

人生の意味、苦しみの意味は、いまの私たちの知恵ではわかりません。哲学者が「ああだ、こうだ」と言っても、宗教家がありがたい話をされても、「あっ、そう」や「ああ、そうなんだ」で終わってしまうものばかりです。

人生における一番の悲しみ、苦しみである「死」は一人ひとりに必ず訪れる。その「死」の間際にこそ、「ああ、そういうことだったんだ」とか、「はい、そうでしたね」と初めて実感を持って口にすることができるのではないでしょうか。人生の苦しみには必ず意味がある。いずれ喜びとして、希望として返ってくることに気がつくのです。

この世で一番の苦しみは、自分のお子さんを亡くすことでしょう。Eさんは、幼い息子さんを事故で失い、そのあとすぐにご主人を病気で亡くされました。そのEさんが死の間際におっしゃいました。

「私は主人を亡くした時よりも、息子を亡くした時の方が数倍もつらかった。だから、いまの苦しみにも耐えられます」

また、こうもおっしゃいました。

「死んだらあの子に会えるんです。主人よりも息子に会えることが何よりもうれしい」

その様子は「自らの死を待ち望んでいた」かのようでした。

彼女の人生で一番つらかったのがお子さんとのお別れ。その苦しみが、自らが死を迎える時に「希望」へと変容する。

「あの子に会える」と苦しみが希望に変わることで、自身の死にともなう痛みや恐怖を乗り越えることができるのではないでしょうか。

彼女からこの話を伺った時、私は彼女と一緒になって「よかったわね。よかったわね」と喜びました。

彼女の感じた人生で一番の苦しみが死の間際に輝き出したのです。

人生の中の苦しみや悲しみの意味は死を越えた時にすべて意味が解き明かされるのではと、私は信じています。

「ありがとう、苦しみよ、ありがとう」
と言える時は必ずやって来る

なりたい自分になれない。でも、それでいいのです

カトリック教会の修道女、マザー・テレサ。彼女のことはみなさんもご存じでしょう。あのような方を見て、「私もああいうふうになれたらいいな」と思います。

しかし、逆立ちしても私にはなれそうにはありません。

でも、いいんです。私は「それが私なんだ」と思えるのですから。

「なりたい自分になれない」

多くの人がそうした悩みをお持ちではないでしょうか。おそらく私を含めて、すべての人間がそうだと思います。

ターミナルケアで出会った方の中には、とても複雑な人生を送ってこられた方

がいらっしゃいます。

そのような方に私はお伝えしています。

「いいのよ。それで」

そして、こう続けます。

「いまさら何を言うのですか。もう一度やり直したとしても、きっとあなたは同じような人生を送りますよ。だからいいんじゃないですか、いまの人生で。

これまで生きてきた自分を認めてあげましょう」

すると、みなさん、ほっとした安堵《あんど》の表情を見せておっしゃいます。

「髙木先生がそう言ってくれるならそれでいい」

どんな生き方をしてきたとしても、自分の過去を変えることはできません。死の直前になっても、これまでの人生を書き換えることはできないのです。

だったら、せめて認めてあげましょう。

なりたい自分にはなれなかった。

理想の生き方はできなかった。

でも、それが自分という人間だったんだ。


それでいいのではないでしょうか。

「ああ、すごいな。世の中にはあんな人もいるのか」と感動する。少しでも近づいてみたいなと努力する。

なりたい自分になれなかったことよりも、そうした感情を持てたことの方がずっとずっと大事なことだと私は思います。

なりたい自分になれなかった。
でも、それでいい。
少しでもなろうとしたことを
認めてあげよう。
愛してあげよう

痛みがあっても穏やかに逝ける

医学の進歩で、がんなどの病気による肉体の苦痛は、98％以上取り除けるようになったといわれています。

私がターミナルケアを始めた三十年ほど前は、痛みを取り除く薬や手法は確立されておらず、苦痛でのたうち回る患者さんを目にすることは珍しくはありませんでした。ですから、患者さんの訪問は痛み止めをした直後に行うことがしばしばで、時間も三十分から一時間程度に制限されていました。

患者さんの苦痛を取り除く「ペインコントロール」が確立されたのは、いまから十五年ぐらい前でしょうか。そのおかげで以前ほどには、タイミングや時間を気にせずにターミナルケアが行えるようになりました。

もちろん例外もあります。体質や病気の種類によってうまく苦痛を取り除けない場合もあるのです。61歳ですい臓がんで亡くなったFさんという女性もその一人でした。

Fさんはペインコントロールを行っても痛みが取れず、いつも苦痛に顔を歪《ゆが》ませていました。お話をしている最中に「うーん」と声を出して我慢する場面も頻繁に見られました。

ところが、亡くなる二週間ほど前だったでしょうか。私が「こんにちは」と彼女の病室をのぞくと、すごくにこやかな表情をしていらっしゃる。もしかしてペインコントロールがうまくいったのかと思い、「痛みが取れたんですか?」と尋ねると、「いや、痛みはまだ残っているんですよ」とおっしゃいます。

「では、どうして、こんなに晴れやかなお顔をされているんだろう」と不思議に思って彼女の話を聞いていくと、理由がわかりました。

「数日前、主人が私に会いに来てくれたんですよ」

Fさんは30歳の時にご主人を亡くされています。以後、女手ひとつで二人のお子さんを育て上げられました。

Fさんの話は続きます。

「主人はあの頃（30代）のままでした。あの頃に着ていた服で私が眠るベッドの横に現れました」

「あら、そうだったのね。それはうれしかったでしょうね」と私。

「そうなんですよ。でもね、私は年を取ったでしょう。だから、ちょっと恥ずかしかったんです」

「それでお話はされたの？」

「ええ、向こうで待ってるよと言ってくれました。そのあとすぐにいなくなってしまったんです」

ご主人との再会を機に彼女の顔つきは変わりました。おそらく痛みに勝る希望と喜びを持つことができたのでしょう。

次の週に訪問した時、Ｆさんはかなり衰弱されていて、小さな声で話すのが精いっぱい。それでも前回と同じぐらいに穏やかな顔をされていました。

がんで亡くなられる方は、最期まで意識がある方が多いものです。多くの方が息を引き取るまで意識がはっきりしています。

それが患者さん本人にとってはある意味で苦痛であり、また遺族にとっては最期まで意思の疎通ができるのでうれしいことでもあります。

私は彼女を看取ることはできなかったのですが、お医者様と看護師さんにご挨拶に行った際、「あの方は見事でしたよ。嫌な顔もしないで、『先生、ありがとうございました。看護師さん、ありがとうございました』とおっしゃって、最期の最期まで穏やかな顔をされていました」と教えてくださいました。

お通夜でご遺体とお別れした時も「ああ、いいお顔だな」と思いました。

ご家族の方にもお会いして、「ご主人が迎えにきてくださったから、お喜びだったでしょうね」とお伝えしたら、「ああ、そうだったんですってね」とみなさんたいへん喜んでくださいました。

こうした愛する人が向こうで待っていてくれるという「お迎え現象」は、死を迎える人にとっては非常にありがたいものなのです。

誰かが向こうで
待っていてくれると思うと
自然に痛みや恐怖が消えていく

泣きたいだけ泣いていい。叫びたいだけ叫んでいい

結婚を前提に七年間付き合った彼に騙されて半狂乱の状態に陥ったGさん。「彼を殺して私も死ぬ」と職場で泣き叫び、気がつくと精神科病院にいました。

そんなGさんに私がお会いしたのは、彼女が病院に収容されてから三週間ほど経った頃。担当のお医者様がおっしゃるには、「彼女は精神病ではありません。大きなショックを受けて情緒不安定になっているだけです。彼女は精神科病院にいるべきではありません。先生のお力で彼女を立ち直らせてあげてください」とのことでした。

そこで私は、彼女が入院している病院に私の方から伺うのではなく、私がいる修道院に来ていただくことにしました。

ソーシャルワーカーに付き添われたGさんは、とても大人しい感じの方でした。

「病院からここまではどのぐらいかかりましたか」

「とても暑かったでしょう」

「ここ（修道院）に来られてびっくりなさったでしょう」

このような感じで私から彼女に話しかけ、彼女の方も「ええ」とか「そうですね」とか、「とっても静かな場所ですね」とひとつひとつ返してくださいました。

初対面で緊張されているでしょうから、世間話をして、心を和ませてあげたいと思ったのです。

ところがどうでしょう。話をしている途中に突然立ち上がったかと思うと、床の上に正座をして、「こんなはずではなかった！　こんなはずではなかった！」と大声で泣きながら、両手で床をバンバンと叩《たた》き始めたのです。

これには私も付き添いのソーシャルワーカーの方も驚きました。慌てて彼女の手をつかもうとするのですが、ものすごい力です。ソーシャルワーカーの方にも

「片手を押さえて!」とお願いし、ようやく止めさせることができました。しかし、その時にはもう彼女の手のひらは真っ赤でした。

私はそんな彼女の様子を見て、「三週間経ってもこの状態なのか」と思うと同時に、七年間付き合ってきた彼に裏切られたことは彼女にとって本当に、それこそ死にたくなるほどにつらいことだったのだと改めて感じました。

私は彼女に言いました。

「泣きたいだけ泣いていいのよ。叫びたいだけ叫んでいいの。本当にいいのよ。でも、痛いから手で床は叩いちゃだめ」と。

すると彼女は「わーー！」と大声をあげて泣き叫び、しばらくすると我に返ったのか、それとも泣き叫んで力尽きたのか、「はぁー、はぁー」と息を上げながら、少しだけ落ち着いたそぶりを見せ始めました。

彼女の顔は涙と鼻水でぐしゃぐしゃ。ティッシュを渡して涙と鼻水を拭《ふ》いてもらい、ようやく息がつけるようになりました。

私が「少しは楽になった？」と尋ねると、「はい」と彼女。そのあとに話してくれたのが、七年間付き合ってきた彼とのいきさつだったのです。彼女は彼との付き合いについてこう振り返りました。

「七年間、私は心身ともに彼に捧げました。身も心もボロボロになり、そしてお金を取られるだけ取られました。しかも、最後にこんな形で裏切られるなんて思っていませんでした」

「こんな形で」というのは、Gさんの彼は彼女の知らないところで別の女性と付き合っていて、ある日突然、「その女性と結婚する」とGさんに別れを告げたのです。自分と結婚してくれると信じていた彼女は、そのことを知り、狂ったように泣き叫び、「彼を殺して、私も死ぬ」と職場で暴れました。そして気づいた時には精神科病院にいたというわけです。

このあともしばらくの間、彼女は精神科病院で過ごしていました。ところがある日、あることがきっかけで、「私は病気ではないんだ。こんなことをしてはいられない」と気がつきます。それは、私との対話ではありませんでした。偶然、病院の中庭で見かけたちょっとした親子の触れ合いでした。

Gさんが食事のあと一人で病院の中庭で佇《たたず》んでいると、ある家族がお弁当を食べていました。重度の精神障害を患った男性、その奥様、そして3～4歳の小さな女の子の三人です。

奥様が男性の口にお箸《はし》を持っていくと男性はパクリと食べる。同じように女の子が食べ物を口に運んでやると食べる。

男性は体が弱っていて自分で食べることができないのでしょう。

食事を終えると男性が椅子《いす》から立ち上がりました。そして、座っている女の子にゆっくりと自分の右手を差し出したそうです。そして二人は手をつないだまま病院の中に入っていきました。

それを見た彼女は驚きました。自分で食事ができないほど弱っている人が、自分の子どもに手を差し出す。その優しさを目の当たりにして、思ったそうです。

「私は病気ではないんだ。それなのに、ここでいったい何をしてるの」

これがきっかけで彼女の心は平静に戻ったのです。

彼女から話を聞き、正直驚きました。にわかには信じられなかったのです。

「え？　あなた、それで生きる力を得たの？」と尋ねると、「はい」と一言。「私は病気ではないんだ。彼に対する恨《うら》みつらみで病院にいなければならないなんてとんでもない」と我に返ったそうです。

私は不思議に思うと同時に「私たち人間にはいったいどんな力が秘められているのだろう」と、私たちの持つ生きる力に感動しました。

その日のうちに彼女は主治医に伝えたそうです。

「私は家に帰ります」

実際に退院したのは、約二週間後のことでしたが、退院のきっかけになったのは先にお話しした親子の愛情を目にしたことでした。

Gさんは、当時のつらく苦しい心情を大学ノートに綴っていました。それを私に見せてくれました。そこにはこうありました。

悲しんで悲しんで悲しんで、泣いて泣いて泣いて、生きて生きて生きて……。

叫んで叫んで叫んで、悔しくて悔しくて悔しくて、生きて生きて生きて……。

悲しみや苦しみを表す言葉がそれぞれ3回ずつ繰り返されていました。

彼女は、いまの自分の状態を「心にやけどを負った」と表現されていました。

私はそれを聞いて「はっ」とさせられました。傷は外側だけですむけれど、やけどは内側まで傷つけられやがて腐っていく。その分だけ癒されるのに時間がかかる。

それでもです。彼女は必死で生きて生きて生きました。ここまで傷つきながらも、心にやけどを負いながらも彼女は生き続けました。

何もそれは彼女に限ったことではありません。私たちには、どんな状況にあっても、生きる力が各自の中に備わっていることを彼女が証明してくれたのではないでしょうか。

どんなに苦しい状況になっても、
私たちには幸せに向かう力が残っている

あのつらい時を生き抜いたからこそ死ぬ時に死に切れる

七年間付き合ってきた彼に裏切られ、半狂乱になって、精神科病院に運ばれたGさん。彼女は、その六年後に子宮がんで亡くなられました。

最近、体の調子が悪い。しばらく生理も来ない。気になって、病院で診てもらうとすでにがんの末期でした。がんが子宮から全身に転移して手の施《ほどこ》しようがありませんでした。手術ができないため、お医者様と相談をして抗がん剤治療を始めました。

抗がん剤治療は、人によっては強い副作用が出ることがあります。彼女の場合がそうでした。あまりにもつらかったので、彼女は治療をやめることを選びました。

当時、彼女は35歳。若いのでがんの進行も早かったのです。

結局、私は五週間で五回しかお会いすることができませんでした。その短い期間に彼女が口にしたのは、やはり六年前のあの出来事でした。

「先生、私はあの時、彼を殺して自分も死ぬつもりでした。でも、実際には彼を殺すことも、自分を殺すこともしませんでした。

高木先生は私に『あなたには、いまのつらさを乗り切る力があるのよ。それは神様からの恵みよ』と何度も言ってくださいました。

あの時は、そんなことは信じられませんでしたけど、いまなら信じられます。私に『人を殺《あや》めることも、自分を殺めることもしない力』を授けてくださった方が存在していると信じられます」

彼女は次のようにもおっしゃいました。

「私は、あの苦しい時、つらい時を生き抜くことができました。だから、私はこうして死んでいく時に死に切れるんだと思います。ありがたいことです。

つらいことばかりだった人生を、こんなに早く終わらせることができるのは、本当にうれしいことです」

心残りはご両親のことです。彼女はご両親に謝罪の言葉を口にします。

「娘の私が、お父さんやお母さんたちよりも先に逝くことになってしまって、申し訳なく思っています」

それに対するお父様のお言葉が素晴らしかった。愛情に満ちあふれていました。

「おまえが死ぬことは本当に悲しい。でも、許すよ。おまえは本当によくあの苦しいところを生きてきたよね」

このように娘の生き方を認めてくださった。これはGさんにとってたいへんうれしいことだったと思います。

あのような形で恋人に裏切られ、殺したいと思ったけれども殺さなかった。また自分で自分を殺めることもしなかった。そしていま「がん」という病気で亡くなろうとしている。

たいへん悲しく残念なことですが、彼女はそこからプラスの意味を読み取りました。

「私にはこうした苦しみやつらさに耐えられる力があるんだ。神様からそうした力をいただいたのだ」

彼女は私に尋ねます。

「先生、それを神様と言っていいんですよね」

「そうよ。神様があなたをお待ちだから」

「それが天国ですか、先生」

「そうよ。天国で神様がお待ちよ。それとね、天国にあなたが殺そうと思った彼がやって来た時もね、きっとあなたは喜んで彼を迎えられると思うの」

彼女は黙って聞いています。

「もちろん、いまは無理でしょう。きっとあなたはいまも彼を殺したいと思っているのでしょう」

「ええ」と彼女はうなずきます。

「でもね、向こうに行ったら、喜んで迎えられるだけの力をいただけるのよ」

「そんなことは信じたくないけど、そうなんですね」

「ええ、それが本当の幸せよ。『人を許せる』という恵みをいただくのよ」

「高木先生は喜んで迎えますよ。だけど彼は無理かもしれません」

「そうね。そのことは向こうで会った時にまた相談しましょうね」

苦しんだことは必ずどこかで輝きます。

死の時にこそ輝くのです。

いつしかそれが希望へと変わっていきます。

つらい時を生きた経験が、
最後は希望に変わる。
苦しみは死の瞬間に輝く

第3章
心豊かな人生を送るために

肉体は衰えても精神性だけは上がり続ける。そんな人生を送ってほしい

みなさんとご一緒に、人生の秋を迎えて、だんだんと肉体が衰えていっても、逆に精神性はどんどん成長していくような人生を送っていきたいと願っております。

春はまだ幼い。だからわがままでもいいいんです。夏の間はとにかく一生懸命に働く。肉体はまだまだ若く、精力にあふれていますからね。

そして、秋。60歳を超えるとだんだんと体が衰えていきます。それはご自分が一番おわかりでしょう。

しかし、仕方がないことです。私たちはこのままずっと生き続けているわけではありません。いつか死を迎えます。

死を迎えるということは、人生の完成に向かって歩んで行くこと。死というものは、その人の人生の完成を見る瞬間だと思います。

ですから、秋に入ったら、肉体は衰えていくけれども、それとは逆に精神性がぐんぐん上がって豊かになっていくような生き方をしていきたいと願っております。

肉体と精神性の関係を折れ線グラフで表すと、下がっていく一方の肉体の線に対して、年齢とともに上がり続ける精神性の線。そして、二つの線はどこかでクロスする。ある年齢を超えたところで精神性が肉体を追い抜いていくんですね。どこで交わるかはその人次第。個人差があります。

私はみなさんに肉体と精神性が高いレベルでクロスする、そんな人生を送っていただきたいと願っております。もっといえば、肉体は衰えても、精神性はずっと上がり続けるといいですね。

肉体とともに精神性も下がっていく。いくつになっても精神性が上がらない。ずっと平行線のまま。このような人生では悲しいですから。

精神性が上がっていかないのは、心が豊かではなく、他の人々への思いやりも少なく、自己愛、自己満足、自己主義など、「自己」のつくものにとらわれすぎているからでしょう。

精神的に貧しい心のままでいると、悲しい人生だったと思って死を迎えてしまうかもしれません。

死は、人生の完成を見る瞬間。
肉体は衰えても、
精神性は高めていける

目に見えるものに執着しすぎると
いくつになっても精神性は上がらない

ご自分の精神性について考えたことがない方、あるいは精神性が上がっていかないと感じている方。そのような方たちはおそらく見えるものや形のあるものに対する執着が人一倍強いのだと思います。

たとえばお金や物がそうです。

中には永遠に変わらない「美しさ」に執着される方もいらっしゃるでしょう。

十五年以上も前のことになりますが、「あのね、高木先生、私が死んだ時はね、死に顔が美しくあるようにしてくださいね」とある女性からお願いされました。それも一度や二度ではありません。お会いするたびにそのことだけを何度も何度もお願いされました。

当時、彼女は70歳を少し過ぎた頃だったと思います。

「ああ、この方の一生は、いつも美しくあることにあったのか。美しくあることが、彼女にとっての宝だったのか」と驚きました。

エステに頻繁に通い、美しさを保つための整形手術を何度もなさって、そこまで自分の顔の美しさにしがみつく方もいるのかと感心させられもしました。

彼女のお願いに私はこう答えました。

「心配しないでね。きれいにお化粧してお送りするから安心してね。その代わりに『神様、お迎えに来てください』という心の祈りだけは忘れないでくださいね。そうしたらきれいに死ねますから」

人生の先輩に対して、私は一生懸命に申し上げました。

美に執着されていたのは、この方だけではありません。

自分が産んだ赤ちゃんに一度もお乳を与えたことがない女性。母乳が出ないからではありません。赤ちゃんにお乳をあげると胸の形が崩れるから嫌だということです。別に俳優さんでも芸能人の方でもありません。ごく普通の主婦の方です。理由を聞いて、私はなんだかびっくりしました。

童話の『白雪姫』に登場する継母のような方もいらっしゃいました。ある日、私に電話をしてきて、涙声でこうおっしゃるんです。

「先生、さっき、主人が仕事から帰ってきたんですけど、その時に『隣の奥さん、きれいだよね』って言ったんですよ。ひどいですよね。人の奥様を『きれい』なんて言うの、私には耐えられません」

こう言って電話口で大泣きされます。

普通に考えれば、何気ない世間話です。ところが彼女には耐え難かった。「鏡よ鏡、世界で一番美しいのは誰？」という方が実在しているんだとびっくりしました。いつも自分が一番きれいでないと耐えられないのですね。

一応言っておきますけれど、すごくおきれいな方なんですよ。ですから、私は正直に申しました。

「あなたは美しいわよ。きれいよ。でも、隣の奥様にはあなたと違う美しさがあるのでしょう。あなたはあなたで美しいのよ。それでいいじゃない」

するとと彼女は「だって主人が！」と少し強い口調で返してきます。

「あなた、ご主人とけんかでもしたの？」

「ええ」

「で、ご主人にはなんておっしゃいました？」

「『私の方がきれいでしょう？』って」

「そうしたら？」

「『それはそうだよ』って」

「それならそれでいいじゃないの」

これらの女性に限らず、私たち人間には、最後の最後まで「これだけは譲れない」というものがあります。

いま紹介した三人の女性にとって、それは「美しさ」でした。

もちろん私も例外ではありません。ただし私が執着しているのは神様です。本当に執着しています。私は何がなんでも神様というものに強く惹かれておりますから、「死に顔もきれいであるようにお願い、お願い」と言われれば、「ああ、この方は、私が神様に執着しているように美しくありたいということに執着していらっしゃるんだな」と理解ができます。

やはり人間には執着があるのです。本当に、最期の最期まで持ち続けるのです。でも、それを知った上で精神性の向上も忘れずに、心豊かな人生を築いていきたいと思いませんか。

人間は何かに執着する生き物。
それを知った上で、
他人のために何かをする

毎日を感謝して生きるとは、「自制心」を使いながら生活すること

「ありがとう」と言って最期を迎えるためには、毎日を感謝して生きることが大事です。感謝して生きるためには、自分の中の欲望に支配されない。つまり私たちが生まれながらにして持っている「自制心」を使って生活していくことだと思います。

「自制心を使う」と言われても、具体的に何をすればよいのかがイメージしにくいかもしれませんね。そこでダイエットを例に取り上げたいと思います。

今日からあなたはダイエットを始めることにしました。あなたはケーキが大好き。毎日一個は欠かさずに食べてきました。ですから、ダイエットをするからといって、いきなり「ゼロ」にするのはすごくつらいこと。つらすぎて途中で挫折

してしまいそうです。そこでこうします。

今日はケーキを一個食べる。でも、明日は三分の二に減らす。そして、また次の日は二分の一にする。さらに、その次は三分の一にする……。

食べてもいいけれど、毎日少しずつ量を控えていく。

自制心はいきなりは身につきません。だから、ちょっとずつ磨いていくのです。

今日よりも明日、明日よりも明後日と、だんだんと控える量を増やしていく。


それでも「自分には無理」と思われる方もいらっしゃるかもしれませんね。でも、大丈夫です。だって、私たちは生まれながらにして「自制心」を持っているのですから。ただ、それを磨いていくのに少し時間がかかるだけなのです。

だから私はダイエットをしている方に言うのです。

「我慢して我慢して時間を稼ぎなさい」と。

それが自制心を磨く修練になるのです。自分の足りないところを満たすためには、やっぱり修練が欠かせません。たとえば知識を豊かにするためは、勉強という修練が必要でしょう。それと同じです。

自制心は、私たち人間が持っている大事な徳のひとつ。もっともっと鍛えて、毎日の暮らしに活かしていきましょう。

自制心が使えるようになると、自分の欲求や欲望をコントロールできるようになる。自分に我慢ができるようになると、他人に対しても我慢ができるようになる。これが大事なんです。


いまの時代は欲望ばかりに目がいって、自分たちに欲を節制する力があることを忘れているような気がします。

だから、まず自分には自制心があることに気づかないといけないと思います。ずっと無知のままでいたら、赤ん坊と一緒。赤ちゃんは火が燃えていても危ないとは思わないから、興味のおもむくままに近づいていきます。赤ちゃんは怖いことを知らないから何でもできる。大人だって同じだと思うのです。無知のままでは大人になっても成り行きまかせ。自分の人生を自分でコントロールすることは難しいでしょう。

現代は欲というものが美化されて、物欲であろうと、性欲であろうと、食欲であろうと、できうる限り、満たそうとする傾向が見られます。でも、私はそれが人間のあるべき姿なのかと疑問に思うのです。

私自身、決して欲のない人間ではありません。どちらかといえば、欲深い人間だと思います。だからこそ願うのです。

いろいろな場面で自分の欲を自分で制していく、節制していく力を持ちたい、磨きたいと。

それでも足りない時は、神様に「助けてください。力を授けてください」とお祈りします。私の中にも欲があるからこそ真摯《しんし》な祈りができる。裏返していえば、自分の中に欲がなかったら、きっとそこまで真摯なお祈りはしないでしょう。

毎日の一刻一刻を感謝して生きられる。

つらいことであっても、幸せなことであっても感謝できる。

つらさはあるのですよ。つらさがなくなるわけではありません。つらさを持ちながらも感謝できるのです。

「嫌だなあ」と感じるものでも、「こんにちは」と迎えることができる。そうした日々を送れるように努力するためにも自分の感情を自制する力が必要です。

すると、最期の瞬間に「ああ。私の人生、よかった。これでいいんだ」とつらさが喜びに変容するのだと思うのです。

ひとつのことを我慢できたら
ひとつ感謝する。
感謝を貯めれば
人生はいい方向に向かっていく

自己愛から解放されていくのが人としての成熟

私たちが持つ自己主義、自己愛――これらのものから解放されていくのが秋という季節です。

その前の春と夏は成長の季節です。身体的にも成長し、知識や知恵も増していきます。そして秋を迎える。

秋は成熟の時期です。この時期には自分中心の見方や考え方から少しずつ解放されて、これまでとは違った視点で人生を見られるようになっていきます。それが人間としての成熟期です。

最近は夏に長くとどまって、いつまで経っても目に見えるものをほしがる方が多くいらっしゃるように思います。

人としてどれだけ成熟したか。

人間としての成熟度を測る指標のひとつが、「自分中心の考えから解放されて、他人に対する感謝、尊敬、謝罪が十分にできているかどうか」、つまり「他人に対する思いやりをどれだけ持つことができるか」ではないでしょうか。

ところが、いまは自分のことしか考えていない人が本当に多いように思えます。

少しだけ自己愛から解放されて世の中を見回してみましょう。すぐさま手を差し伸べて助けてあげたい方々が大勢いることに気がつかれるはずです。

先日、踏切内に取り残された老人を助けようと、ある方が遮断機の下りた踏切に飛び込み、電車にひかれてしまうという痛ましい事故が起きました。

一部の報道にあったように、助けられた老人は自殺をするつもりだったのかもしれません。しかし、とっさに「危ない」と思い、踏切に飛び込んで助けようとする。その結果、老人は助かり、ご本人は亡くなってしまわれた。とても残念な結果にはなりましたが、世の中には、自分を犠牲にしてでも困っている人を助けようとする方がいらっしゃる。これはまぎれもない尊い事実です。

私の知人にもおります。その方は、駅のホームで私と話している時に、突然線路に飛び降り、落ちた人を助けようとされました。この時は二人とも無事ですんだのですが、私は彼を本当にすごい人だと思いました。

当時、彼は23歳。年齢は関係ないのだと気づかされました。

困っている人にすぐさま手を差し伸べることができるかどうか、それは日頃からの思いによります。自己愛から解放されて、世の中を見られるかどうかだと思うのです。

あの時、私は人が線路に落ちたことに気がつきませんでした。でも思うのです。たとえ気づいたとしても彼と同じ行動ができたかどうか。

それはわかりません。

あの時の彼は本当に偉かったと思います。若くても、自己愛から自分を解放できる人はいらっしゃるのです。

ただ、自己愛そのものは悪ではないんです。なぜなら、自己愛があるから人は自分にプライドが持てるし、品格が保てるからです。

自己愛というものがまったくなかったら、「もう自分なんかどうでもいい」となって、品格のない日々を送ることになるでしょう。

自己愛を持たない人はいません。やっぱり人は自分のことが一番かわいいのです。

かわいいから、他人からもよく見てもらいたいし、認めてもらいたいと思う。だから品格を持って生きていけるのです。

問題なのは、行き過ぎた自己愛を持ってしまうことです。自己愛が過ぎると、自分が何者かになったように錯覚して、他人の存在を認めようとしなくなります。

自分は何でもできるんだと偏った考えを持つようになり、偏った行動に出てしまう危険があります。相模原殺傷事件の容疑者の彼がそうでした。彼には「自己愛性パーソナリティー障害」という診断が下されたそうです。

自己愛は私たちに欠かせないものではありますが、人生の成熟期に入るに従い、そこから自由になっていく必要があるのではないでしょうか。

自己愛から解放されていくことが、人間として成熟していくことであり、人の一生を四季にたとえれば「秋」にあたる時期でしょう。

自己愛があるから品格が保てる。
ただし、自己愛が強すぎると
人は品格を失う

自分がイライラしていることを人に悟られないように生きる

「老人ホームの天使」と呼ばれていた女性Hさんがいらっしゃいました。この方は、長崎に投下された原子爆弾でご主人と四人のお子さんを亡くされ、それ以後、ずっと独りで生きてこられました。

「天使」と称されることからわかるように本当に素晴らしい方でした。人の面倒をよくみますし、誠実なお人柄。いつもニコニコと明るい表情をされ、何かにイラついたり、怒ったりしたことなど生まれてから一度もないような方でした。

その方に「いい生活をしていらっしゃるんですってね」と言ったら、「いやいや、私の家族はみな天国にいてずっと私を見ていますでしょう。ですから、四人の子どもと主人が私を見て『ああ、いいお母さんだな』と褒めてくれるように毎日を過ごしているだけなんですよ」とおっしゃいます。

「そのように生活していると、周りの人たちが『いつもありがとう』と言ってくださるんだけど、逆なんですよね。本当は私の方が感謝しているんですよ。このような素晴らしい老人ホームに入れてくれて」


何度かお会いしているうちに私はHさんと親しくなり、ある時、彼女は私にこう打ち明けてくださいました。

「私の心の中にはものすごい怒りがあります。何かにつけてイライラして、もう腹が立って腹が立って仕方がない時があります。

何が理由でこれほど腹が立ってしまうのか自分でもわからないんですが、とにかくすごい怒りなのです。戦争で自分の家族をすべて取り上げられたからかもしれません。だから、ずっと神様に文句を言っているのかもしれませんけれど、とにかく何かに対してものすごくイライラする時があるのです」

彼女が「心の中に怒り」を持つようになったのは20代半ばのことでした。それから85歳で亡くなるまで、ずっとイライラを心の中に抱えて生きてこられたようです。

私が彼女にお会いしたのは、彼女が老人ホームで生活を始めて五年ほど経った頃でした。しかし、施設長さんに聞いても、スタッフの方に聞いても、一緒に暮らしている方々に聞いても、誰もが彼女がイライラしていたり、怒ったりしている様子を見たことは一度もないとおっしゃいます。

そのことを彼女に尋ねるとこうおっしゃいました。

「神様にお願いしているんです。私の中のこのイライラを人様に見せないようにしてくださいって。ずっと神様にお祈りしながら生活しているんですよ」

彼女は生涯それを貫き通したのです。なかなかできることではないですよね。

イライラしていることを外に出すこと、いや出てしまうことが普通なのに、イライラしていることを人様に知られないように生活している。しかも、最期まで知られずに生き抜く。
世の中には彼女のような生き方をされてこられた方がいらっしゃるのですね。
それはもう、本当にお見事な生き方でした。

どんなに幸せそうに
見える人の中にも苦しみがある。
それを過剰に
外に出さないことが大事

第4章

向こうに行っても
人は孤独ではない。
誰かが待っていてくれる

向こうに行っても孤独ではない。誰かが待っていてくれる

高木家は代々クリスチャンの家系です。

日本の歴史の中でキリスト教徒が迫害や弾圧を受けたことがあります。私の曽祖父にあたる高木仙右衛門《せんえもん》は、江戸末期から明治初期に起こった弾圧事件、いわゆる「浦上四番崩れ」において、幕府に捕らえられ、拷問を受けましたが、最後までクリスチャンとしての信仰を貫き続けました。

このような血筋を持つ家系ですから、神に仕えるのはごく自然なことでした。実際、きょうだい12人のうち6人の姉妹は全員シスターに、1人の兄は神父になりました。

その兄が二年前に亡くなりました。末期がんで、ホスピスで最期を迎えました。

兄には思ったことを何でも話すことができましたし、兄も私の質問にいつも真剣に答えてくれました。死の間際、私は兄に尋ねました。

私は兄のことを「神父様」と呼んでいました。

「神父様、いまおつらいでしょう」

「うん」

「痛い？」

「痛みはほとんどない」

「いま何が苦しいの？」

「何が苦しい？　自分の体と家族と全部にお別れすることがつらいね。でも、また向こうで会えるから」

兄はそう答えてくれました。私はさらに聞きました。

「ねえ、神父様。いまのこの苦しみにどういう意味があるのかわかる？」

するとと兄は「わからない。きっと死んで神様のところに行った時に全部がわかるんだと思うよ。それは慶子《よしこ》ちゃん（私のこと）がいつも言っていることだよ。それが本当だと思うよ」と言います。

この次の週に兄は亡くなりました。

兄は最期の最期まで意識がありました。前にお話ししたように、兄に限らず、がんで亡くなる方は、最期まで意識のあることが多いのです。

お世話になっていたホスピスのドクターもおっしゃいました。

「お兄さんは最期の最期までよく頑張りましたよね」

その言葉どおり、意識がもうろうとしているのではないかと心配になって、「神父様」と声をかけると、兄は「聞こえているよ」とうなずいてくれました。

どんなに神様を信じていても、どんなに仏様を信じていても、死んだらご先祖様が迎えに来てくださるということがわかっていても、「死」に直面した時に感じる、つらさや苦しみというものはあるのだと思います。

でも、そのつらさや苦しみの意味は生きている限りはわからない。「たぶん、こうなんだろう」ということはわかっても、完全に理解できるものではない。同じように、「私の人生の意味は何だったのか？」ということも、人間は生きている限り理解できないのではないかと思います。

人間にとってやはり「孤独」は苦しい。しかし、兄が言ったように、向こうに行っても孤独ではない。きっと誰かが待っていてくれる。そしてあなたが向こうに行ったら、今度はあなたが次に来る人を待っていてあげる。だから、いつも孤独ではないのですね。

こうした話をしながら、余命と言われる毎日を生きていく。もうすぐあの人に会える、親に会える、娘に会える、息子に会える、主人に会える、家内に会える、そう言い残して、喜びと希望を持って亡くなっていかれる方が多くいらっしゃいました。

これがターミナルケアの役割です。

実際に「わかった。ここはひとつ髙木先生に騙されてみるよ。神か仏かわからないけど、向こうには幸せが待っているんだな。もし、そうじゃなかったら髙木先生のところに化けて出るよ」と言って亡くなった方が幾人もいらっしゃいます。

これからも私は、死に行く方々に「先に逝った方たちがあなたを待っているのよ。向こうでは多くの方が待っていてくださるんだからね。そして向こうに行ったら、自分よりも遅く来る方たちを『こっちよ、こっちよ』と招いてくださいね」とメッセージし続けていきます。

どんな人でも孤独は怖い。
しかし、死は孤独なものではない

「死んだあとに素晴らしい世界が待っているよ。そのことを多くの人に伝えてくれ」

作家の遠藤周作さんとは、生前、親しくさせていただきました。遠藤さんと初めてお会いしたのは、私が25〜26歳の時です。

旧軽井沢に聖パウロカトリック教会があるのですが、そこでの御ミサへ行った帰りに「マ・スール」と声をかけられたのです。

「マ・スール」とはフランス語で「マイ・シスター」という意味です。

遠藤さんがちょうど小説『沈黙』を書かれていた頃で、若い修道女にいろいろ尋ねたいことがあったようです。

遠藤さんは、一九九九年の六月に亡くなっているのですが、その二年ほど前、入院される前にお目にかかった際にこうおっしゃられました。

「マ・スール。お願いだから、死んだあとに素晴らしい世界が待っている、ということを多くの人に伝えておくれ。

あんたは、本を書くだろう。話もするだろう。だから、向こうの世界は素晴らしいよ、ということをね、オーバーにオーバーに語ってくれ」

これが遠藤さんからのお願いでした。遠藤さんは、ご自分がそのように書いたのでは、読者の方に「まゆつば」と思われると判断したのでしょう。

「あんたみたいな修道女が言えばみんな信じるよ。信じてくれるから、自分よりもあんたが言った方がいいよ」とおっしゃいました。これが、お褒めの言葉なのかどうかはわかりませんが、生前、何度となく、お願いされました。

遠藤さんが伝えたかったこと、それは「あの世については、人間が考えられる最高の想像力と幸せ感で考え続けてほしい」ということだったと思います。

「この世に死んだ人は誰もいないんだから、嘘でも誠でもいいじゃないか。死んでいくのはみんなつらいんだからね、もうありったけ飾った幸せな国を描いてあげてくれ。それがあんたの仕事だ」とおっしゃっていました。

では、遠藤さんご自身、ご自分の中で何を想いながら生きていらっしゃったかというと、やはり「信仰」なのだと思います。彼はカトリック信者でしたから、「自分が神をどのくらい信じられるのか。もし信じられるならば、この世がどんなに苦しくてもいい。僕を待っている世界は、これほどまでに素敵なんだ。幸せな世界なんだ。それがいまの僕の希望なんだよ」ということだったと思うのです。だからこそ、「あの世については、人間が考えられる最高の想像力と幸せ感で考え続けてほしい」とお願いされたと思っています。

入院をされて、病気がひどくなった時、遠藤さんはどれほど苦しまれたか。

「神は本当に存在するのだろうか」

「おふくろは向こうで待っていてくれるのだろうか」

遠藤さんはご自分でもおっしゃっていたように「マザコン」でしたから、「遠藤さんの信仰はお母様の信仰。あなたが信じていたのはお母様でしょう」と申しあげますと、「あんた、嫌なこと言うね」とお怒りになりました。あれほどまでにお怒りになったのは、きっと私の言葉が的を射ていたからでしょう。

遠藤さんは生涯を通じて、お母様から学んだ信仰を大事になさった。にもかかわらず、彼の最期の最期の苦しみは「信仰」に関することでした。

「果たして神は本当に存在するのだろうか」

これこそ本当の人間の姿。

私はこのように申したと思います。

「遠藤さん、大丈夫ですよ。神様は必ずいらっしゃる。お母様も必ず待っててくださいますよ。信じることですよ」

すると、遠藤さんは「あんた、いつも嫌なことを言う」とおっしゃいました。きっとお母様のことを持ち出されて照れ臭かったのだと思います。

死の間際、「神も仏もいないよ」と思いたくなる誘惑に自分がどう向かっていくか。私は、そこに人間の最後の苦しみがあるのではないかと思っています。

私は修道女です。修道女ですから信仰に生きています。修道女でいることは別にたいしたことではないのです。神様の恵みのみで生きていけばいいのですから。ところが、最期の最期に「神様は本当に存在するのか」と心を揺さぶられたらどうなると思いますか。そこが一番の苦しいところだと思うのです。

遠藤さんは、作家として、信仰について、神について多くの著書があります。そんな彼でも、最期の最期に大きな揺さぶりがきたのではないかと思います。

でも、遠藤さんの最期は立派でした。彼は「神様に自分の霊をゆだねます」と言い残して、亡くなられました。

御臨終の場に私はおりませんでしたが、亡くなった後、奥様の順子さんにお聞きしました。

「周作が亡くなって、お医者様が『御臨終でございます』と言ったとたんに、周作の顔は光り輝いたんです。本当に見たんです。

光り輝いたその顔を見た時、私は『ああ、お母様に会えたんだ。神様に会えたんだ』と思いました。本当に安心しました」と奥様はおっしゃいました。

ご自身がおっしゃったように、きっと遠藤さんは素晴らしい世界に行かれたのでしょう。

ずっと信じていたことが
大きく揺さぶられる時がある。
信じ抜くことで
幸せな死が迎えられる

お互い歩み寄れば、孤独はなくなる

現代社会は孤独に悩む人が多くなっています。

なぜ孤独になるのか、なぜ孤独を感じてしまうのか。

それは人間関係が希薄になってきているからでしょう。人間関係が希薄というのは、つまり密な付き合いが減っているということです。

原因はさまざまです。時代、社会、あるいは本人の気質ということもあるでしょう。もともと人との交わりが苦手で友達がいない、家族ともそれほど密な関係を築いていないということもあるでしょう。いずれにしても人間関係が希薄になっているから孤独になってしまう。

逆にいえば、人間関係が密な方は孤独にはならないのではないでしょうか。自分で「孤独である」と思うことも少ないと思います。

私は結婚はしていませんし、家庭も持っていません。家族とも離れ離れに暮らしています。でも、私はこれまでに「自分が孤独だ」と感じたことはありません。

何かあれば友達に連絡を取って、会って話をしたり、遊びに行ったりします。

「孤独だ」と思うことは、その人の中で感じることではないでしょうか。

そんな私でも、仕事で孤独を感じたことは何度もあります。

誰にも相談できない。相談したとしても最後は私自身で決定しなければいけない。そのような時に「ああ、私は孤独だ」と思うことがあります。

そのような場合には、やはり神様だけが頼りです。

孤独にならないために、私たちはどうするべきでしょうか。それはやはり、相手に寄り添う気持ちを持つことでしょう。相手から近づいてきてくれるのを待っているのではなく、自分の方から近づいていくことです。

ターミナルケアでもグリーフケアでも、私の方から近づいていくという場面は多くあります。

まず孤独な方の中には自分からは口をきかない方が多くいらっしゃいます。だから、その方の近くにいて、口を開くまで待ちます。何回足を運んでも世間話しかなさらない。ご自分のことやご自分の悩みや問題については語ろうとなさらない。だから、心のケアに時間もかかるし、忍耐も要求されます。

でも、こういう方は日本人に多いのではないでしょうか。

孤独をなくしていくためには、私のような存在がいるだけでは足りません。ご本人にも「人間関係を密にしていく」という気持ちが必要です。

また、相手に近づいていく時に忘れてならないことがあります。相手に対する信頼と尊敬の心を持つことです。私はこれまでの経験からその大切さを学んでおります。

孤独な人には自分から歩みよる。
孤独でない人は
孤独な人のそばに寄り添う。
お互いに近づき合いましょう

どんな人でも亡くなる直前まで変わることができる

実の息子から「わがまま親父、人でなし」と呼ばれていたIさん。お医者様からは「胃潰瘍」と伝えられていたのですが、実際には胃がんでした。「親父に本当の病名を伝えたらとんでもないことになる。暴れ狂うかもしれないし、自殺だってしかねない」と家族に頼まれ、ご本人には胃がんであることは伏せておられたのです。しかも、いざ手術をしてみたら、体のあちこちにがんが転移していて手の施しようのないことがわかりました。

そのことを知らないIさんは、「手術をすれば二週間で退院できる」と言われていたこともあって、いつまで経っても家に帰れないことに腹を立て、そのうっぷんを看護師さんたちに向けて困らせていらっしゃいました。

そこの師長さんに「髙木先生、とにかく助けてください」と頼まれ、Iさんにお会いすることになったのです。

事前にご家族の了解を得て、Iさんの病室を訪問しました。するとどうでしょう。Iさんは、私の姿を見るなり、「ん?」と訝しげな表情をし、「なんのために来た」と言い放たれました。

私が「お見舞いに参りました」と答えると、「ふん、誰のお見舞い?」と敵意をむき出しになさいます。

「はー。この方は、ご家族から聞いていたとおりの方だな」と思いながら、「お宅様のなんですよ」と申しますと、「僕にか? そんなもんいらん。お見舞いなんかいらん。俺は強いから、宗教なんかいらん」とものすごい剣幕で私をその場から追い出そうとされます。

このまま帰るわけにはいかないので、私はちょっとした嘘をつきました。

「私はこの病院の患者さんをたびたびお見舞いに来ているんですよ。今日はそのついでにお宅様にもお伺いしたんです」

するとI「ふーん。でも俺のところはいらん。俺は強いから、宗教なんかいらん」の繰り返し。

Iさんは、私が宗教を押しつけに来たぐらいに思っていらっしゃるのです。

「そうですか。お強いんですか」

「そうだ。俺は強いんだ。だから宗教なんていらん」

同席された奥様やご長男さんが「いや。この先生は特別なんだから」と言っても聞く耳をお持ちになりません。

ところがご長男さんが「親父、髙木先生に頼むのはお金がかかるんだぞ。高いんだぞ」と言うと、一瞬だけIさんの表情が変わりました。

その様子を見て私は「はー、そうか、このご家庭における価値観がなんとなくわかった」と思いました。

帰り際、私がIさんにご挨拶をすると「もう来なくてもいいぞ」とおっしゃいます。私は笑いながら答えました。

「はい。じゃあ、また参ります」と。

対するIさんの返事は「来るな！」です。でも、これでは終われません。

「いいえ、私が来たいから来るんです」

「来るな。帰れ」

「はい。帰ります」

そんなやり取りをしてその日は病室を後にしました。

ターミナルケアではいろいろな人にお会いします。時にはこの場のような勇気を持って望まなければならないこともあるのです。


それから一週間後、二回目の訪問中に看護師さんがIさんの点滴の交換に訪れました。看護師さんが点滴のパックを取り換えていると、Iさんはご自分の両手をさっと伸ばし、看護師さんのお乳をガバッとつかみました。

看護師さんは慣れたものです。Ｉさんの両手をパッとつかんで、「はい、お手手はここに置くんですよ」とベッドの上に戻しました。

私はその様子を見て、「ああ、この方はやっぱりこうなのか。ご家族からわがまま親父と呼ばれても仕方がない」と驚くと同時に妙に納得してしまいました。

この出来事をきっかけに、「ああ、この方は少々のことではだめなんだな。徹頭徹尾、私は強くならないといけないんだな」と覚悟を決めました。

結局、この日も前回と同じように追い出されてしまったのですが、私が帰ったあとに奥様にこうおっしゃったそうです。

「あの先生、面白いな。今度は、いつ来てくれるんだろうか」

三回目、Ｉさんは私の顔を見るなり、「あんた、しつこいな」とおっしゃいました。それを受けて、私は「どっちがしつこいんですか」と言い返したかったのですが、まだその段階ではありません。彼が私のことをどれぐらい信用しておられるのか、信頼してくださっているのかがわかりません。そこでこう答えました。

「そうでしょ。私ってしつこい人間だからごめんなさいね」

すると、彼は大きな声でお笑いになりました。これをきっかけにIさんは私にいろいろな話をしてくださるようになったのです。

とはいっても、彼がお話しされるのは、過去の成功談ばかり。「自分がああしてこうして、うまくいった」とか「家内の親父がやってた仕事（Iさんは義父の家業を継がれたのです）を三倍ぐらいに増やしたよ」とか。

人の自慢話は聞いていてもあまり気持ちのよいものではありません。それでも私は喜んで聞き入りました。それも、ただ聞いているだけでは、Iさんには物足りないと思い、「まあ、すごい、すごい！　万歳！　万歳！」と身振り手振りを加えて本気で喜びました。

これまでIさんには、そんなふうに一緒になって喜んでくれる方はいらっしゃらなかったのでしょう。Iさんはとても喜んでくださいましたし、だんだんと心を開いてくださるようになりました。

ある時、Ｉさんに尋ねられました。

「先生、なんであんた、結婚もしないで、シスターなんかやっているんだ。シスターなんかやっていて、人生、楽しいかね」

この言葉を聞いて私は直感しました。これは死の準備に入るチャンスと。

私は答えました。

「それは好きだからよ」

「好きでそんな生活ができるのかね」

「ええ、私は神様が好きですからね」

「人間よりも好きなのか？」

「そうよ、人間は裏切るけどね、神様は裏切らないですよ」

私がそう答えると、Ｉさんは「そっか、そっか」と少し納得された様子。

「死んだら、神様がお迎えに来てくださるから、私はとっても楽しみなの」

「へー。死が楽しみという人なんて、初めて見た」

ターミナルケアでは、このように、あたかもボールを投げ合うかのように会話をしながら、死の準備に入っていくことがあります。

「Iさん、人間はいつまでも生きていると思うでしょう。いつまでも生きて仕事も続けたいでしょう。でも、人間はいつか死ぬのよ」

私がこう続けると、Iさんは、少し厳しい表情で「俺は死なん」と一言。

このままではいけない。私は冗談めかして言いました。

「Iさんは死ななくていいんですよ。でも私は死にますからね。私が先に死んだら看取ってくれますか?」

するとIさんはうれしそうな顔をして、「おー、それは面白い、面白い。いいよ、あんただったら看取ってあげる」とおっしゃってくださいました。

こうして初めてIさんと「死」について話をすることができたのです。

「自分はまだ死なない」と信じておられたIさんですが、その体は日に日に衰弱していきます。「もう俺は以前の健康な体には戻れない」とご自分でも気づいた時に、「なあ。俺、死んだらどうなるんだね」と尋ねられました。

私が「どうなると思います？」と返すと、「俺は無になるのは嫌だ。消えていくのは嫌だ。怖い。つらい。もうそれだけは考えてもたまらない」とおっしゃいます。

「必ず仏様や神様が迎えに来てくださるから大丈夫よ」と励ますと、「それは慰めの言葉か？」と聞き返されました。

「違います。これは私の確信だから。結婚もしないでこういう道を歩いていると申し上げたじゃないですか」と申しましたら、「あんたにとってそうかもしれないけど、俺にとっては違う。あんたはそれで生きてきたかもしれないけど、俺はそんなのは信じられない」と突っぱねられました。

もちろん、ここで引き下がることはできません。こういう時、私はものすごく強くなるのです。死のイメージを膨らませてもらうまでは、絶対に逃がしません。

「信じられないんですって。でも、人間は必ず死ぬんですよ。死んだらどうなると思うのですか?」

すると、Iさんは答えました。

「俺は悪いことばっかりしてきたから、地獄にしか行けない」

「へー。地獄に行くんですか」

「いや、行きたくない」

この時は奥様もご長男さんも席を外していて、病室にいたのは私とIさんの二人だけでした。そのため、すごく話しやすかったのです。

Iさんも、ご自分では「人間として、してはいけないことをいっぱいしてきた」という自覚がある。だから、自分は死んだら「地獄に行くしかない」とおっしゃる。でも、心のうちでは「地獄には行きたくない」と思っている。

そこで私が申しました。

「じゃあ、行きたくないなら行かなければいいじゃないですか。天国には行けない。地獄には行きたくない。だったら、中獄に行ったらどうですか」と。

すると、Ｉさんは「そうだ。そこに行こう。チャイナには行きたくないけど、中獄とやらに行こう」とうれしそうな表情をお見せになりました。

Ｉさんには、こうしたユーモアを理解するセンス、お笑い的なセンスがありました。すごく頭の回転が速い方だったのです。

私が「行くところがわかってよかったですね」と申しましたら、「おお。よかったよかった。俺は地獄に行かなくてすむんだ」と安心なさった様子でした。

次にお伺いした時に、改めて「どういうところにお行きになるでしょうね」とお尋ねしました。するとＩさんは、「先生。わかったよ。俺はな、おふくろの腕の中に戻りたい。それが一番あったかくて心配のない安心できるところだな」とおっしゃったのです。前回の面談からずいぶんとお考えになったのでしょう。

Ｉさんご自身で考えられた、その答えが「おふくろの腕の中」。「素晴らしいお考え」と、私は感動しました。「ああ、よかったな」とうれし涙が出ました。「そうでしょうね。お母様も喜んでお迎えになりますよ。あなたが小さい時に学校からお帰りになると、お母様が『お帰りなさい』って迎えてくれたでしょう。きっとそんなふうに『待ってたよー』と迎えてくださいますよ」

Ｉさんは「はー、そうか。そうか」と納得されたようでした。そしてご自分から「おふくろはいい人だった。だから仏さんの近くにいると思う。先生、そう思っていいかね」と聞かれたので「当然よ」とお答えしました。

このように死後のイメージを膨らませていただく。これがターミナルケアで私が最も大切にしているポイントです。どのようなイメージで自らの死を受け止めておられるのか。そこまでお話ししていかないと、死を目前にして心が混乱してしまうのです。

ですから、具体的なイメージを持っていただけるまでお話をいたします。きちっとこの世とお別れして旅立ってもらうために、しっかりと死のイメージを作ってもらう。それがターミナルケアにおける私の役割です。なにも毎週お見舞いに行って、世間話をすることが目的ではありません。

亡くなる前に、偏ることなく、すべての方に「ありがとうございました」「ごめんなさい」「向こうでまた会いましょうね」の三つの言葉を残していただくためです。

言葉にしなくても、心の中でそれらの言葉をきちっと持っていただきたいのです。心の中にあるものは、日常のいろいろな場面で出てくるものだからです。

実際にＩさんが、ご家族の方たちにどのような言葉を残されたのかは、次にお話しいたします。

遺す言葉は三つで十分。

「ありがとう」

「ごめんなさい」

「また会いましょう」

人は旅立つ前に素直になる

「やはり人間は孤独なんだ。その孤独さをわかって生きろ。そして、いつか誰のもとにも死がやってくる。そのことを考えながら生きろ」

Iさんが残してくださった、私たちへのメッセージです。

Iさんにお会いして二か月ほど経った頃でしょうか。私はIさんにあるお願いをしました。この頃にはかなり衰弱されていて、小さな声しか出せませんでした。

「私はね、あなたのように、亡くなっていく方にメッセージを残してほしいと思っているんですよ。私たちはどう生きていったらよいのか。いまご自分が死を目前にしてどのように考えておられるのか。死を思うことはつらいことですよね」

するとIさんはおっしゃった。

「嫌だよ。俺はまだ生きる」

だから私は「生きてくださいよ」とお伝えしました。その上で「いま元気でバリバリと働いている若者たちも、人生を生きるにあたって、死というものを考えないといけないと思うんです。それでIさんのように死を自分の近くに感じた人にメッセージをお願いしているんです。Iさんは、何かメッセージを残されますか？」とお聞きしました。

その答えが冒頭のメッセージです。

Iさんは次のようにもおっしゃいました。

「俺はな、『俺のような人生を送るな』と言いたい」

私が「『俺のような人生』ってどういうことですか」と問い直すと、「お金もね、お金もね……」と何度か同じ言葉を繰り返したあと、「なんの役にも立たないんだよねぇ」と続けられた。

そして「やはりな、人生に終わりが来るということを考えて生きた方がいいよ。そう言いたいな」と。

亡くなる一か月ほど前に、Ｉさんは遺言書を書かれました。それまでは作られていなかったのです。遺言を書かれた時のＩさんは、実の息子さんたちから「人でなし」と呼ばれていた頃のＩさんとは違っていました。

何でも素直に受け入れ、対応しておられました。

「人は死の直前に素直になる」とはこのことでしょう。

お世話になった人には「ありがとう」、面倒をかけた人には「ごめん、すまなかった」と謝罪をする。そしてこの世にお別れをしていただく。

先ほども申し上げましたように、ターミナルケアの大きな目的のひとつです。

この頃のＩさんは、ご長男さんがお見舞いに来られて「こんにちは。親父。来たよ」と声をかけると、「ありがとう」と、いままで決しておっしゃらなかった言葉を口になさったそうです。また、奥様が一生懸命タオルで顔を拭いたりなさると「すまんな」とお礼を言われたと言います。奥様は「あの人の口から『すまんな』という言葉を初めて聞きました」と涙を流しながら教えてくださいました。

死の間際に、Iさんの心の中に善意で自分にしてくれたことに対する感謝や「これまで悪かったな」という思いが生まれてきたのです。

私は面談のたびにIさんにお願いしていました。

「お願いだから、家族のみなさんに『ありがとう』と『ごめんなさい』を言ってくださいね」と。その時には「ふーん」という感じで聞いておられましたが、私のお願いを聞き入れてくださったのです。

「ごめんなさい」という言葉は口にされなかったようですが、「すまなかった。迷惑かけた」とはおっしゃってくださいました。きっとそれがIさんにとっての

「ごめんなさい」だったのでしょう。

Iさんの四十九日の法要で家族のみなさんに再会しました。

ご長男さんは私におっしゃいました。

「僕らにはずっと怖い親父でしたけど、最後の一か月間だけは本当に優しくて穏やかな父でした」

Iさんは死を前にして、柔和で温厚なお父さんに変わることができました。

最期には、奥様に「向こうで待ってるぞ」とも言ってくださったそうです。

とても、とてもうれしいIさんのお姿だったと思います。

人間が本来持つ素直な心が
最期に命を輝かせる

粋な生き方、粋な死に方

最後に、粋な死に方をされた「梅干しばあさん」のお話をしましょう。
浅草に住んでいたJさんは、ご自分のことを「私は梅干しばあさんでね」と呼んでおられました。目元や口元などにたくさんのシワがある高齢の女性のことを、昔はよく「梅干しばあさん」と呼んでいたのですが、最近はあまり使われないのかもしれませんね。

私が、「梅干しばあさん」ことJさんにお会いしたのは三十年ほど前のことです。

彼女を紹介してくれたのは、共通の知人であった神父様。

彼女は、毎日曜日、神父様の教会の御ミサに来られているのですが、神父様がいくら勧めてもキリスト教の洗礼をお受けになりません。ご自分の子どもも孫もみな洗礼を受けていて、彼女にも受けるようにすすめているのですが、なぜかご自分だけお受けにならない。

不思議に思った神父様が、「この方には何かある。私には話してくれないが、髙木シスターにならその理由を教えてくれるかもしれない」と頼まれてお会いしに参りました。

最初の日は世間話で終わりましたが、二回、三回とお会いしているうちに、「ねえ、シスター。今度はいついらっしゃるの?」とお尋ねになった。私はその言葉を耳にして「私のことを信用してくださったのかな」とうれしくなりました。

次にお会いした時、なぜこれまで洗礼を受けようとしなかったのかを、「これはね、私が死ぬまで話してはだめよ」と断った上で話してくださいました。

彼女のご主人は三十年以上も前に亡くなっておられたのですが、このご主人という方がかなりの遊び人だったそうです。仕事もろくにせずに、賭け事はするし、女遊びはするし、よっぴいて芸者遊びもする。

しかも、ご主人は彼女の家に入った婿養子。お金は出ていくばかりで、ご主人が生きていた頃の生活は、彼女の両親が残してくれた土地をひとつひとつ切り売りしていかなければならない、それこそタケノコの皮を一枚一枚と剥いていくような「タケノコ生活」だったとおっしゃいました。

「だけど、いいのよ」と彼女はおっしゃいます。

お父さんが残してくれた財産を好き勝手に使われても「いいのよ」と受け止める。聞けば、ご主人が遊んだお金の付けは、後日、彼女が払って回ったとおっしゃいます。なかなかできることではありません。

私は、彼女のご主人に対する愛情に感動しました。

ところで、彼女が洗礼を受けていない理由ですが、そんな身勝手な放蕩《ほうとう》生活を送った末にお亡くなりになったご主人だから、「きっとおじいちゃん（ご主人のこと）は地獄に行っていると思うんです。おじいちゃんが地獄に行って苦しんでいるのに、私だけ洗礼を受けて天国に行けますか。私もおじいちゃんが待っている地獄に行かないといけない。だから洗礼は受けないことに決めているんです」ということでした。

この話を伺った時、彼女は確か78歳でした。当時はかなりのお年です。でも、頭も体もしっかりとしておられました。

本当は彼女も洗礼を受けたい、でもご主人のことを考えるとそれはできない。そんな彼女に私は申しました。

「おばあちゃま、おばあちゃまが洗礼をお受けになったら、その時点で、たとえご主人が地獄に行っていらっしゃっても、神様はすぐ天国に連れていってくださるんじゃないですか？　だからおばあちゃま、洗礼を受けましょうよ。そしたら必ずご主人も天国にご一緒にいらっしゃれますから」

するとJさんは「ほんとかね」と驚かれた。

「私がそう思っているだけですから、疑われても仕方がないと思いますけど……」と私が答えますと、彼女は手のひらをパンと打ち合わせて、「わかったわよ。あなたと会うのは今日で三回目、あなたは嘘をつくような人じゃない。私にはわかる」と洗礼を受けることを承諾してくださいました。

ただし、まだひとつ問題があります。

二十年、三十年とかたくなに洗礼を拒んできた手前、周りの人への説明も必要です。だからといって、ご主人のことは話したくない。

私は「さて、どうするかな」ということで提案しました。

「それなら、シスター高木に騙されたっていうのが一番ではないでしょうか」

「あら、そうね。そうしましょう。『シスター高木に騙されて、私、洗礼を受けますね』って子どもたちには言いますからね」

こうして梅干しばあさんは洗礼をお受けになりました。

お子さんたちは、シスター髙木がどうやって騙したのかを聞きたがっています。でも、彼女との約束がありますから私から教えることはできません。

結局、彼女が82歳で肺炎でお亡くなりになるまで家族の方には黙っていました。

ご家族に打ち明けたのは、お通夜の時です。

ご長男さんに「Jさんが洗礼をお受けになったのはこういう理由だったんです。素晴らしいおばあちゃまでしたね」とお話ししたら、ご長男さんは「母は……」と言って涙されました。結局、その時まで彼女がどうして洗礼を受けなかったのか、それが突然、なぜ洗礼を受ける気になったのかが誰にもわからなかったのです。

それがいまようやくわかった。彼女のお子さんたちも、お孫さんたちもそれはそれは喜んでくださいました。

死の間際に彼女はおっしゃいました。

「うれしいわ。私、これから天国に行くのよね。主人がいるのよね」

82歳にして、20歳そこそこの若い方が「恋人が地獄に行くなら、私も地獄に行きます」というのと同じぐらいの強くて深い愛情を持ち続けておられたのです。

何十年もひたすらご主人のことを想って、「主人が地獄で苦しんでいるなら、私も地獄に行く」という覚悟で生き抜く。

彼女のような女性に出会ったのは最初で最後。三十年以上が経ったいまでも忘れることができません。

きっと、あのような方の生き様、死に様を、「粋な生き方、粋な死に方」というのでしょうね。年下の私が言うのもなんですが、本当にあっぱれでした。

亡くなる直前まで
大きな愛情を持っている人は、
死に様も
人を感動させる

「See you again.」(また、会いたいね)は、私の好きな言葉

人間には死がある。それは本当にありがたいことだと思うのです。

死があるから一日一日を大切に過ごそうとします。

死があるから我慢してでも人との関係を大事にしようとします。

人生には終わりがある。いつまでも生きていない。いつか壊れるからこそ、人生にまつわるあれこれを大事に扱おうとするのではないでしょうか。

投げても壊れないものはきっと大事にしないでしょう。

人の出会いは一期一会。

あなたと別れた途端に相手が事故にあって亡くなってしまう可能性だってゼロではありません。未来のことはまったくわかりません。

「明日、またね」と言うけれど、私たちには「いま」という時しか与えられていないのです。

See you again.

すごくいい言葉だなと思います。

別れの言葉には「さようなら」も使いますけれど、「さようなら」はそこで一度区切られてしまいます。

でも、「See you again.」の方は、「また、会いたいね」「必ず会いましょう」と次があることを示唆しています。余裕があるんですね。

だから、私は「明日、またね」と言います。「さようなら」とは言いません。

それともうひとつ「忙しい」という言葉も使わないようにしています。「忙しい」という漢字は「心を亡くす」と書くからです。

最後までお付き合いいただきありがとうございます。

また、どこかでお会いしましょう。

See you again.

死は永遠の別れではない。
必ずまた会える日が訪れる

私は、生涯、寄り添い人であり続けるでしょう

のどが渇いている人にはお水を、おなかをすかせた人には食べ物を差し上げる。
こうして、一人ひとりの渇きや飢えにお応えしていくのが、私のような「寄り添い人」の役目です。

誰もが魂の叫びを上げています。
ずっと健康でありたい。
もっと長生きをしたい。
社会的に認められたい。
お金がほしい。地位もほしい。名誉もほしい。

死んだら天国や極楽へ行きたい。地獄には行きたくない。

人は、こうした欲望を生まれながらに持っています。しかし、現実は残酷で不条理。ずっと健康でいたいのにいられない、もっと長生きをしたいのにできない、人から認めてほしいのに認めてもらえない。するとどうなるでしょうか。

魂の飢えや渇きが起こり、いつしかそれが苦痛へと変わっていきます。

WHO（世界保健機構）は、私たち人間が感じる苦痛を四つに分類しました。身体的苦痛、社会的苦痛、心理的苦痛、スピリチュアルペインです。これを全人的苦痛（トータルペイン）と呼びます。

トータルペインのうち、最後に加えられたのが「スピリチュアルペイン」です。これまで宗教的と考えられていた「スピリチュアル（霊的）」な側面にまで、WHOが踏み込んで健康の定義に付加したということで大きな話題を呼びました。

私もしばらくの間は「そういうものかな」と、WHOの発表を素直に受け入れ、「スピリチュアルペイン」という言葉を使ってきたのですが、いつしか心のどこかで「何か違うぞ。おかしいな、おかしいな」と違和感を持つようになりました。

そしてある時、ターミナルケアの現場で気がつきました。

これまで「ペイン（苦痛）」という言葉で表現してきたけれども、いま目の前にいる患者さんが感じているのは「痛み」ではなく「飢えや渇き」、つまりは「スピリチュアルハンガー」ではないだろうか。

私たちは、人から馬鹿にされたり、侮辱されたりすると、いたたまれない気持ちになります。それは私たちが本能的に「人から認められたい」という欲望を持っているからです。私たちは無意識のうちに「私の存在を認めて、認めてよ」と心の叫びを上げています。ところが誰も自分を認めてくれない。すると飢えや渇き（ハンガー）が苦痛（ペイン）へと変わっていくのです。

私たち寄り添い人の使命は、終末期の患者さんが抱える「スピリチュアルハンガー」に気づき、それを満たすように協力すること。スピリチュアルハンガーがスピリチュアルペインにならないように寄り添うことであると考えております。

私は、これまで三十年以上にわたりターミナルケアのお手伝いをして参りました。

今後も、おそらく私がこの世を去る時までそれは続くことでしょう。

生涯、私の生き方がぶれることはないようにと、神様にお祈りし続けております。

なぜなら、私には神様がついてくださっていると心から信じているからです。

私はカトリックの修道女です。毎日、毎日、すべての人々がこの世界で幸せに暮らせるように、そしてどのような苦しみや悲しみの中にも、それに耐える力をお与えになる神様を信じることができますよう。そして向こうの世界では、これまで親しくしていた人々と再会でき、幸せの時を過ごせますようにと、心からお祈り申しております。

この書をお読みいただきました読者の方々にも神様の豊かな恵みと賜物がありますようお祈り申しております。また最後になりましたが、この書を出版することにご協力いただきました、幻冬舎の寺西鷹司様、編集協力の津村匠様に深く感謝申し上げます。

またいつかどこかでお会いしましょう。

See you again.

〈著者プロフィール〉

髙木慶子（たかき・よしこ）

熊本県生まれ。聖心女子大学文学部心理学科卒業。上智大学神学部修士課程修了。博士（宗教文化）。

現在、上智大学グリーフケア研究所特任所長。「生と死を考える会全国協議会」会長。「兵庫・生と死を考える会」会長。一般社団法人グリーフケアパートナー理事。援助修道会会員。「日本スピリチュアルケア学会」理事長。

三十数年来、ターミナル（終末期）にある人々のスピリチュアルケア、及び悲嘆にある人々のグリーフケアに携わる一方、学校教育現場で使用できる「生と死の教育」カリキュラムビデオを制作。幅広い分野で全国的にテレビや講演会で活躍中。

著書に『悲しんでいい～大災害とグリーフケア～』（NHK出版）、『それでも人は生かされている』（PHP研究所）、『それでも誰かが支えてくれる』（大和書房）など多数。

「ありがとう」といって死のう

2017年12月5日　第1刷発行

著　者　髙木慶子
発行人　見城 徹
編集人　福島広司

GENTOSHA

発行所　株式会社 幻冬舎
〒151-0051　東京都渋谷区千駄ヶ谷4-9-7
電話　03(5411)6211(編集)
03(5411)6222(営業)
振替　00120-8-767643
印刷・製本所　中央精版印刷株式会社

検印廃止

ISBN978-4-344-03220-0　C0095
幻冬舎ホームページアドレス　http://www.gentosha.co.jp/

この本に関するご意見・ご感想をメールでお寄せいただく場合は、
comment@gentosha.co.jpまで。